AF481299

CHRISTINE HAAS

Capricorne 2021

Du 21 décembre au 20 janvier

Table

I: Votre Année 2021

Votre décan en 2021…………………………………………..…9
Votre Ascendant en 2021……………………………………17
Vos prévisions 2021 mois par mois……………………………31

II: Votre signe astrologique

Vous, le Capricorne……………………………………………61
Votre Ascendant………………………………………………69
Vos Affinités avec les autres signes……………………………91
Quel amoureux êtes-vous ?……………………………………101

Annexe. Comment calculer votre ascendant ?……………………105

Votre année 2021

Votre décan en 2021

Lisez les 3 décans de votre signe, il est très fréquent qu'une ou deux autres planètes de votre thème occupent ceux qui ne sont pas les vôtres et que cela vous donne des renseignements supplémentaires. **Pour connaître votre décan, appelez le 3210**

1er décan

DU 21 AU 31 DECEMBRE

> VOS PLANÈTES DE L'ANNÉE

Saturne et votre argent

Votre planète, celle qui compte le plus, prend définitivement ses quartiers en Verseau, votre signe voisin, celui qui représente votre argent, celui que vous conservez comme celui que vous dépensez. Il en sera beaucoup question cette année, peut-être parce que vous voulez acheter ou vendre un bien. Dans un premier temps, jusqu'à fin janvier, cela vous sera facilité par Jupiter, comme nous le verrons plus loin, mais par la suite cela prendra peut-être plus de temps que vous ne le pensiez au départ.

Jupiter, un plus grand confort ?

La planète de « chance » et d'opportunités sera elle aussi pour un temps assez court (jusqu'à fin janvier) en relation avec vous. Mais elle influencera quand même toute votre année par sa simple présence chez votre voisin Verseau. Disons qu'étant une planète d'expansion on peut logiquement penser que vos moyens vont s'accroître et que vous pourrez vivre plus confortablement. Surtout que vous n'avez aucune dissonance à venir sur votre décan ; aussi profitez de ces opportunités financières, non pour épargner, mais pour mieux vivre.

Adieu Uranus, on t'aimait bien...

Encore en phase avec vous jusqu'en avril, Uranus ne vous regardera plus après cette date, mais il semble que vous profiterez pendant longtemps de ce que vous aurez appris d'elle. Cela dépend de votre âge, bien sûr, mais je pense qu'on peut apprendre à tout âge et surtout grâce aux expériences nouvelles que l'on peut faire. Vous expérimentez depuis deux ans à peu près un nouveau style de vie, pour certains à travers un nouveau boulot ou même un travail en indépendant qui vous réussit très bien.

> FACILITES

Jupiter

Nous avons vu qu'elle éclairait votre secteur 2, le Verseau, celui qui gère votre argent et vos acquisitions. Par sa présence, et selon votre ciel natal, Jupiter peut autant vous faciliter les choses que les compliquer (paperasserie). Mais il semble que son rôle sera positif pour ceux qui cherchent à avoir plus de moyens, et ce sera grâce à votre total investissement dans votre travail. En effet, Jupiter et Saturne seront conjointes, l'une n'ira pas sans l'autre. L'expansion jupitérienne ne se fera pas sans un travail acharné et qui, donc, portera ses fruits.

> DIFFICULTES

Mars vous contrariera, mais pas trop

Après Saturne, le grand maléfique (selon la Tradition) il y a Mars, le petit maléfique. Mais croyez-moi, ses maléfices n'en sont pas vraiment, ce sont juste des contrariétés, des fièvres, du stress parfois avec les conséquences que vous connaissez (souvent chez le Capricorne, des problèmes de peau). Donc Mars s'opposera à vous de fin avril au 9 mai (deux ou trois jours chacun) et l'ennui c'est soit qu'il faudra faire un choix cornélien, soit que vous aurez attrapé un petit virus de printemps – voire que vos allergies se manifesteront.

> COTE CŒUR

Vénus passe chez vous deux fois dans l'année !

Vous la verrez traverser votre décan une première fois entre le 8 et le 16 janvier, elle sera alors en harmonie avec Mars et votre cœur fera boum ! Si vous êtes en couple, vous pourrez ranimer la flamme, la période sera chaude ! Célibataire, vous pourriez flasher sur quelqu'un, sentir votre cœur battre plus fort, mais il ne faudra pas vous poser trop de questions ; si l'autre vous plaît, foncez ! Vénus sera une deuxième fois chez vous du 5 au 16 novembre, pendant la période Scorpion et ce sera aussi excitant qu'en janvier, le Scorpion étant très chaud lapin !

2ᵉ décan

DU 1ᵉʳ AU 10 JANVIER

> VOS PLANÈTES DE L'ANNÉE

Uranus vous appartient enfin !

Réjouissez-vous, les bons influx d'Uranus sont toujours signe de progrès, d'apprentissage et surtout d'affirmation de soi à travers un gain en autonomie et en liberté. Déjà l'année dernière, votre décan a été effleuré par ce bon aspect d'Uranus et vous avez dû ressentir comme un appel au changement et à l'évolution. Cette année, vous allez pouvoir réaliser votre vœu, quel qu'il soit, mais bien entendu rien ne presse, vous pourrez aller à votre rythme. Un must !

Saturne voudrait gérer votre argent en bon père de famille…

Toujours sérieuse (c'est votre planète maîtresse) Saturne a déjà (un peu) occupé votre secteur d'argent en 2020, mais votre décan était à peine concerné. Elle ira plus loin cette année et stationnera en regard de votre Soleil si vous êtes né autour des 4, 5 janvier. Normalement, c'est une configuration qui doit vous voir très raisonnable côté finances et vous inciter à dépenser moins, tout en cherchant à gagner plus, peut-être parce que votre train de vie vous y oblige.

Mais Jupiter vous donnera envie de le dépenser !

En effet, Jupiter occupera le même décan que Saturne du 1ᵉʳ février au 16 mars, une courte période, mais la planète y sera très active, probablement plus que lors de son dernier passage il y a 11, 12 ans. Rapide signifie qu'il y aura un ou des événements touchant vos finances et qu'ils seront intéressants parce qu'avec Jupiter il y en a toujours plus ! Donc soit vous gagnerez plus, soit au contraire vos problèmes d'argent seront abyssaux et il faudra remonter la pente. Mais je penche plutôt pour une évolution positive.

> FACILITES

Uranus

Disons que vous aurez plus de facilités et de satisfactions par Uranus que par Jupiter, dont on ne sait jamais si elle va jouer un rôle positif ou négatif, étant donné que c'est une planète double. En tout cas, avec Uranus vous êtes sûr de progresser et si on est optimiste on peut se dire que vous allez avoir des activités nouvelles et lucratives, étant donné qu'Uranus sera en harmonie avec Saturne à partir du printemps. Vous pourriez faire évoluer un schéma qui a duré des années et où l'argent allait et venait sans aucune régularité.

> DIFFICULTES

Mars, et encore…

Les dissonances de Mars ne seront pas nombreuses et ne dureront pas, étant donné que la planète ne s'arrêtera pas ; pas de rétrogradation cette année (contrairement à Vénus). Toujours est-il que si vous avez des contrariétés, des obstacles, c'est quand Mars sera en délicatesse avec vous : du 9 au 26 mai par exemple, où vous serez hésitant sur un choix à faire, à moins que les autres ne soient très casse-pieds. Puis du 1er au 15 octobre où il faudra gérer fermement une équipe, ou faire des efforts pour maintenir l'harmonie en famille.

> COTE CŒUR

Vénus va s'installer chez vous

Oui mais, pas avant le 5 novembre, je sais que c'est tard dans l'année mais le point positif c'est qu'elle stationnera dans votre décan en janvier/février 2022 ! Donc, vous savez que vous avez le meilleur à venir au dernier trimestre et cela peut éclairer toute votre année ! Et puis il se passera des choses début 2022, vous m'en donnerez des nouvelles ! D'ici le mois de novembre, vivez les plaisirs du moment lorsque Vénus fera de bons aspects et surtout au début de cette année, où elle passera par votre décan du 16 au 24 janvier, en bon aspect avec Neptune lors de votre anniversaire, donc vous la verrez deux fois en 2021 ! Que du bonheur en perspective !

3ᵉ décan

DU 10 AU 20 JANVIER

> VOS PLANÈTES DE L'ANNÉE

Neptune, une belle détente

Saturne vous ayant probablement créé des soucis en 2020, vous avez besoin de ne plus y penser, de passer à autre chose et même, pour certains, de changer votre façon de voir la vie. Et tout cela est possible avec l'arrivée de Neptune dans le 3ᵉ décan des Poissons, en phase avec votre décan. C'est un aspect qui va durer longtemps, très longtemps et agir petit à petit, parfois à votre insu. Mais le résultat c'est que vous allez, au final, vous sentir moins responsable (vous l'étiez trop) et que vous prendrez les choses moins à cœur, un gros progrès !

Avec Pluton, prenez le pouvoir

Libérée de Saturne qui la bridait, Pluton va pouvoir s'exprimer sans réelle retenue, sauf quand Mars s'opposera à elle, comme nous le verrons plus loin, mais ce sera probablement anecdotique. Avec Pluton, c'est le règne du tout ou rien et vous pouvez tout autant prendre le pouvoir sur vos proches ou dans votre boulot, qu'au contraire perdre vos pouvoirs et être (parfois) obligé de repartir de zéro. Mais ce n'est pas forcément négatif, vous pouvez vous transformer totalement sous cette conjoncture, vivre une renaissance.

Faites du profit, avec Jupiter

Du 16 mars au 14 mai, et du 18 octobre au 29 décembre, Jupiter (en marche directe) occupera le Verseau, votre signe d'argent, qui gère aussi vos biens personnels, votre confort et votre nature de propriétaire. Il se peut que vous songiez à acheter un bien ou à placer votre argent autrement, en tout cas si vous disposez d'un Jupiter positif dans votre thème natal. Vous pourriez aussi mieux gagner votre vie en faisant, par à-coups, des affaires qui vous vaudront des bonus. Et avec un Jupiter moins positif, un jour vous manquerez, l'autre jour l'argent rentrera.

> FACILITES

Neptune

Neptune est une planète difficile à interpréter, car elle peut autant participer d'une formidable détente, au point que certains oublient leurs responsabilités, que créer des embrouilles avec des proches en qui vous aviez confiance et qui se révèlent manipulateurs ou sournois. Mais, en ce qui vous concerne, Neptune est en bon aspect, donc il ne devrait pas y avoir d'embrouilles – sauf peut-être avec un enfant adolescent – mais en général vous serez beaucoup moins « rigide » sous cette conjoncture, vous accorderez moins d'importance à vos « devoirs » et ça ne sera pas un mal !

> DIFFICULTES

Mars

Mars ne s'attardera pas et ses influx seront donc peu durables, ce qui ne vous empêchera pas de les ressentir parfois fortement, car c'est une des planètes à la base de votre thème (comme la Lune, Vénus et Saturne). Donc le seul problème qui peut se poser se présentera lors de l'opposition de Mars à votre décan et à Pluton fin mai, début juin. Vous serez entravé dans vos actions : ne forcez rien, laissez passer. La deuxième quinzaine d'octobre sera aussi sous l'égide de Mars/Pluton et les mêmes entraves risquent de se présenter, mais d'une autre manière.

> COTE CŒUR

Vénus très érotique en fin d'année

Tout dépend du rôle que Pluton joue dans votre thème. Si la planète était forte et positive lors de votre naissance, il est très possible que vous fassiez une rencontre marquante, plutôt en fin d'année, et même au début de 2022 ! En effet, c'est à cette période que Vénus stationnera dans votre décan, en conjonction avec Pluton : ça peut être très chaud et on ne vous reconnaîtra plus : le feu fera fondre la glace ! Mais Vénus passera aussi par chez vous et sur Pluton fin janvier de cette année et il est possible que la situation naisse à ce moment-là. En couple, ces périodes correspondront à de forts retours de flamme et… de jalousie.

Votre ascendant en 2021

Selon votre ascendant, les planètes qui vont compter en 2021
Pour savoir quel est le décan de votre ascendant appelez le 3210.
Consultez les 3 décans, une de vos planètes peut se trouver dans un
autre décan que le vôtre.

BÉLIER

> 1ᵉʳ DECAN

Déjà l'année dernière vous aviez reçu les premiers influx de **Saturne** qui avait timidement pénétré en Verseau, ce sera plus franc cette année puisque la planète parcourra tout le 1ᵉʳ décan du signe, formant un bon aspect avec votre ascendant. C'est une configuration qui parle à la fois d'expérience, d'approfondissement de vos connaissances, et également de projets sur le long terme, de ceux qui prennent du temps, mais du temps qui sert à quelque chose, pas à attendre que ça vous tombe tout cuit… Vous ferez également un vrai travail sur le domaine relationnel, surtout dans votre métier, de manière à créer des alliances qui vous seront profitables.

> 2ᵉ DECAN

Vous aurez droit, vous aussi, au bon aspect de **Saturne** à partir de mars, et même si elle rétrograde au mois de mai, vous en garderez des traces. Peut-être que vous ne serez pas encore allé au bout de votre idée, du projet que vous avez en tête, toutefois certains d'entre vous nés au début du décan (avant le 5 avril) pourront concrétiser quelque chose, d'autant plus que **Jupiter** sera aussi chanceuse pour vous que pour le 1ᵉʳ décan ; elle sera en phase avec vous tout février et jusqu'au 15 mars elle vous donnera l'occasion de mettre un projet sur des rails et de le voir évoluer.

> 3ᵉ DECAN

Deux planètes compteront cette année : d'abord **Pluton**, dont on ne peut pas savoir si elle jouera un rôle positif ou négatif parce que cela dépend de votre thème de naissance. Vous pouvez autant procéder à une importante mutation professionnelle, repartir de zéro, que vous trouver aux prises avec quelqu'un qui veut avoir le dessus sur vous, une personne qui semble manipulatrice et inflexible, probablement l'un de vos supérieurs. Mais la deuxième planète de l'année, **Jupiter**, viendra à votre secours de mi-mars au 13 mai.

TAUREAU

> 1er DECAN

La seule grosse planète à occuper votre décan, c'est encore **Uranus** mais elle va vous quitter peu à peu au profit du 2e décan (en avril). Il n'est pas exclu que vous en ressentiez encore quelques influx, même si elle a probablement fait le principal de son « travail » et que ces deux dernières années ont été celles du changement et d'une instabilité, désagréable pour qui a l'ascendant en Taureau et apprécie la stabilité. Toutefois, certains ont accompagné le changement alors que d'autres l'ont refusé ! En outre, il va falloir accepter une rapide dissonance de **Saturne** et **Jupiter** en janvier, qui peuvent être symbole d'une injustice ou d'un problème administratif.

> 2e DECAN

Saturne et **Uranus**, le passé et l'avenir, vont se manifester à vous cette année et leurs aspects avec votre ascendant disent que vous êtes freiné dans votre évolution, et que vous devez peut-être faire une pause et réfléchir à ce que vous voulez pour l'avenir. La situation veut qu'il y ait du changement dans un certain domaine (professionnel pour la plupart) et comme vous n'aimez pas le changement, cela risque de coincer ; l'objet de vos soucis sera qu'on voudra éventuellement vous confier des responsabilités que vous ne serez pas sûr de vouloir/pouvoir assumer.

> 3e DECAN

Jupiter formera un aspect dynamique en mars et avril puis d'août à décembre : la planète de chance occupera votre secteur de carrière et il se peut que vous progressiez dans votre job, et même qu'on vous offre des possibilités d'expansion auxquelles vous n'aviez pas pensé. Et comme vous n'avez que des bons aspects, vous pourrez atteindre vos objectifs, mais de manière inédite, parfois assez surprenante pour ceux qui vous connaissent ! Pour ce faire, vous bénéficierez toute l'année du soutien de deux grosses planètes : **Neptune** (intuition) et **Pluton** (pouvoir).

GÉMEAUX

> 1ᵉʳ DECAN

2021 est un « must » pour certains qui verront plusieurs planètes occuper des signes en harmonie, et surtout le Verseau, autre signe d'Air. **Saturne** s'y trouvera toute l'année et vous donnera la caution de sérieux dont vous avez besoin pour obtenir une reconnaissance dans votre job, et cette reconnaissance vous pourrez l'obtenir grâce à **Jupiter**, en Verseau elle aussi et active pour votre décan jusqu'au 31 janvier (mais elle a commencé déjà à vous offrir des opportunités en novembre et en décembre 2020). Le mois de janvier devrait être une bonne rampe de lancement.

> 2ᵉ DECAN

Neptune est encore (très peu) en dissonance avec votre décan, mais vous ne serez pas nombreux à en être affectés et ce sera surtout à travers une forme d'instabilité intime ou familiale que vous connaissez bien pour la vivre depuis plusieurs années. Néanmoins, en 2021 Neptune vous délaisse enfin et vous recevrez de bons influx de **Jupiter** (chance) et de **Saturne** (stabilité). Jupiter vous regardera du 31 janvier au 16 mars, mais elle se sera annoncée bien avant à travers des opportunités à saisir.

> 3ᵉ DECAN

Vous serez sous l'influence de plusieurs planètes cette année, de la nébuleuse **Neptune** à la chanceuse **Jupiter**. Pour ce qui est de Neptune, elle entame un aspect dynamique depuis votre secteur de carrière et vous met au défi de vous installer quelque part, de garder un job et de vous faire confiance. Mais vous aurez des difficultés à trouver une stabilité dans ce domaine parce que vous ferez des erreurs de comportement conduisant à des problèmes avec l'autorité, ou alors le job ne vous conviendra pas.

CANCER

> 1er DECAN

Uranus sera encore en harmonie avec vous jusqu'à fin avril ; c'est un aspect que vous expérimentez depuis 2018 et qui vous a permis de vivre de nouvelles aventures, de faire des expériences ou de créer de nouveaux concepts. Ce sera la même ambiance que l'année dernière, mais les planètes lentes n'étant plus au même endroit l'ambiance générale sera encore plus positive pour ce que vous voulez faire. La planète de chance, **Jupiter**, occupera un secteur de votre thème, le Verseau, qui est lié à vos finances et donc à votre productivité. Elle sera en première ligne jusqu'à fin janvier, mais a déjà été active fin 2020.

> 2e DECAN

Vous recevrez exactement les mêmes influx que le 1er décan, que ce soit d'**Uranus**, de **Saturne** ou de **Jupiter**. Sauf que Saturne et Uranus seront en aspect dynamique (surtout au printemps) et qu'il y aura conflit entre le conservatisme saturnien et le libéralisme uranien. Cela peut vous concerner directement, comme cela peut être collectif. Sur le plan individuel, vous pourriez faire de la résistance face à un changement dans la façon dont vous êtes rémunéré, ou face à d'autres types de changements dont vous ne voudrez pas.

> 3e DECAN

Pluton se trouvera encore face à vous cette année, mais vous aurez enfin pleinement droit aux bons influx de **Neptune**. Cela peut signifier plusieurs choses sur le plan relationnel : vous avez face à vous, et peut-être depuis longtemps, quelqu'un qui se nourrit de vos forces et de vos faiblesses, un proche qui semble avoir un pouvoir sur vous, mais c'est probablement vous qui le lui avez donné, que ce soit par amour ou parce que c'est… votre boss. Un cas de harcèlement peut-être ? Il se peut qu'on vous aide à trouver une solution.

LION

> 1er DECAN

Uranus est encore en relation avec vous, mais elle vous oubliera après le 18 avril ! C'est une bonne nouvelle car vous aurez quand même fort à faire avec l'opposition de **Saturne** et de **Jupiter** ! A priori, c'est du relationnel, c'est-à-dire que vous pourriez avoir à prendre du recul dans votre couple, ou qu'une association, un partenariat est en train de péricliter et cela ne date pas d'aujourd'hui. Le retour de Saturne en Verseau fait écho à sa précédente opposition à votre signe, qui date de 1991, 1992, mais peut-être n'étiez-vous pas né/e ?

> 2e DECAN

A votre tour d'être en relation avec **Uranus**, laquelle va dominer votre zodiaque depuis votre secteur d'évolution et de carrière. Peut-être serez-vous dans une situation instable, aléatoire (chômage, travail intérimaire ?) mais qui peut déboucher sur quelque chose de totalement inédit et qui vous donnera la possibilité de changer de vie. Car c'est probablement ce que vous désirez, vous en avez assez de subir des pressions, surtout venant de vos supérieurs, vous auriez envie dans l'idéal de prendre votre indépendance et de poursuivre une carrière en solo.

> 3e DECAN

Deux planètes lentes seront en relation avec vous depuis le secteur du travail et de la forme. Ce sont des domaines où vous avez déjà divers petits problèmes à régler, mais cela dépend de la façon dont ces planètes étaient disposées à votre naissance, donc a priori n'y prêtez pas trop attention. En revanche, ce qui sera visible et concret, c'est l'opposition de **Jupiter**, active une grande partie de l'année ! Elle n'est pas négative, a priori, sauf pour ceux dont le couple est fragilisé et qui pourraient se poser la question du divorce. A moins que l'administration ne vous embête !

VIERGE

> 1er DECAN

Vous avez bien progressé ces deux dernières années grâce à **Uranus** et aux efforts que vous avez fournis pour vous doter de nouvelles connaissances ou pour accompagner un changement positif dans votre activité. Certains sont partis vivre à l'étranger ou ont encore le projet de partir : Uranus sera de nouveau en phase cette année jusqu'en avril, mais son influence s'étendra encore quelque temps et vous en aurez besoin si vous voulez reprendre votre liberté pour tourner une page, pour trouver autre chose, si ce n'est pas déjà fait.

> 2e DECAN

A vous de recevoir le bon aspect, très libérateur, d'**Uranus** mais vous l'avez déjà un peu expérimenté l'année dernière et certains ont compris que leur intérêt était d'aller voir ailleurs si l'herbe n'était pas plus verte. Ce sera encore dans l'air cette année, sous différentes formes selon votre thème natal. Chacun à votre manière, vous aurez l'occasion de vous octroyer des libertés, de vous autoriser à innover, à changer parfois complètement vos objectifs, et c'est exactement ce que la conjoncture vous demande. Mais ça ne se fera pas du jour au lendemain.

> 3e DECAN

Déjà en 2020 et même en 2019 vous avez commencé à recevoir l'opposition de **Neptune** qui semble être la planète importante de votre année. Elle a le don d'être associée à des situations où vous n'avez pas le contrôle, ce que la Vierge déteste, parfois des situations de dépendance ou d'emprise et tant que vous n'avez pas pris pleinement conscience de ce que vous êtes en train de vivre, vous ne pouvez pas agir sur votre vie et parfois vous ne le voulez pas. Ce n'est pas que vous êtes aveuglé (quoique), mais vous pensez que vous n'avez pas le choix.

BALANCE

> 1er DECAN

A priori, c'est une bonne année, vous devez déjà le sentir depuis quelques semaines : vous allez pouvoir atteindre vos objectifs et, peut-être, faire parler de vous, ou voir grandir votre réputation. C'est-à-dire que des planètes comme **Jupiter** (chance) et **Saturne** (ambition) sont en harmonie avec vous et vous permettront de vous « élever » et même d'atteindre des sommets pour certains. Après une année 2020 pas facile pour beaucoup d'entre vous, voici un redémarrage, un renouveau que vous ne pouvez qu'apprécier. En outre, l'amour devrait vous épanouir.

> 2e DECAN

Vous aurez, en principe, autant de chance que ceux du 1er décan, sauf que ce sera un peu décalé dans le temps. **Jupiter**, et ses opportunités seront au rendez-vous probablement en janvier, mais la planète ne sera vraiment en aspect avec vous qu'à la fin de ce mois et jusqu'au 15 mars. Une période où vous pourrez entreprendre, avoir de l'audace et vous dire que le monde vous appartient. Vous sentirez que vous êtes apprécié ou que ce que vous faites est bien considéré, valorisé, et si vous êtes artiste on vous applaudira !

> 3e DECAN

Saturne partie en Verseau, elle ne forme plus d'aspect frustrant avec vous. Mais il reste **Pluton** pour certains, et les mutations profondes qu'elle produit, autant dans votre vie de tous les jours que dans votre psychisme. D'anciennes angoisses pourraient être remontées à la surface et quelle que soit la situation qui les provoque, l'important c'est qu'elles ne soient plus cachées tout au fond de vous et capables de vous faire du mal malgré vous. Un « reset », un redémarrage est en cours.

SCORPION

> 1er DECAN

Vous serez encore sensible aux énergies d'**Uranus**, mais plus après la mi-avril, et c'est une bonne nouvelle. En espérant que vous aurez accompli le travail demandé par cette planète et qui est toujours de s'adapter à un changement, ou même de décider par vous-même de changer vos comportements avec les autres ou dans le couple. Souvent, la vie vous impose des épreuves pour vous faire comprendre ce que vous devez faire… Par ailleurs, en début d'année, la famille sera au premier plan, avec pour certains le départ d'un enfant qui quitte le foyer.

> 2e DECAN

A votre tour de recevoir les influx d'**Uranus**, déjà ressentis (un peu) l'année dernière : la planète sera opposée à votre décan à partir de mi-avril ; mais ce qu'elle demande est déjà en cours, à savoir de passer à autre chose, de changer votre rapport à l'autre, d'être moins possessif et jaloux. Parfois, ce sera mission impossible, comme l'indique la dissonance de **Saturne** qui démarre en mars : d'un côté Uranus vous tirera vers le changement, alors que Saturne vous incitera à résister !

> 3e DECAN

Neptune et **Pluton**, sont en harmonie avec vous ce qui signifie déjà que votre climat de base est bon. Vous êtes sur une pente ascendante, probablement sur le plan professionnel où vous semblez avoir plus d'influence et plus de pouvoir. Mais ce sont des influx discrets et vous ne les sentirez que par intuition. En revanche, ce que vous sentirez concrètement, c'est la présence de **Jupiter** : il sera en principe question de déménagement pour les uns, ou d'emménagement avec quelqu'un pour les autres. Mais ça ne se passera pas toujours facilement !

SAGITTAIRE

> 1er DECAN

Vous avez deux planètes importantes de votre côté en début d'année, il se pourrait donc que vous fassiez des étincelles et que cela ait commencé déjà en fin d'année 2020 ! On va parler d'abord de **Saturne**, car c'est elle qui restera le plus longtemps en harmonie avec vous : bien située en Verseau, elle sera constructive dans des domaines variés et surtout ceux qui sont liés à la communication, aux échanges et aux apprentissages. Auriez-vous quelque chose à apprendre ou à transmettre ?

> 2e DECAN

Neptune termine enfin sa dissonance fin février, après vous avoir affaibli pendant plusieurs années. Vous aviez perdu votre confiance en vous au moment où elle avait attaqué sa dissonance avec votre décan en 2016. Mais il a pu se passer bien d'autres choses, avec pour point commun une forme de déconstruction et d'instabilité. Toutefois, aujourd'hui en 2021, c'est le contraire qui va se produire, c'est-à-dire que vous allez pouvoir construire ou reconstruire. Que ce soit grâce à **Jupiter** et surtout grâce à **Saturne**, qui va vous envoyer de structurants influx.

> 3e DECAN

C'est à votre tour à présent de faire l'expérience de **Neptune**, déjà commencée l'année dernière, ou même avant, mais qui est de plus en plus précise. C'est-à-dire que lorsque l'aspect est exact, cela signifie qu'une prise de conscience est possible, mais elle peut être perturbante parce que vous vous apercevez que vous avez pris une mauvaise direction. Peut-être avez-vous été mal influencé par quelqu'un, ou que vous vous êtes totalement trompé sur une personne que vous avez aimée et qui a joué un rôle négatif alors que vous pensiez le contraire !

CAPRICORNE

> 1ᵉʳ DECAN

Ça a été une chance, avec **Uranus** de faire des expériences nouvelles et elle est encore en bonne relation avec votre décan jusqu'à mi-avril. Mais vous en avez bien profité ces deux dernières années : vous avez construit du nouveau (dans tous les sens du terme) et avez découvert de nouvelles occupations porteuses de plaisir, un plaisir que vous pouvez partager avec les autres, ces proches que vous aimez, que vous gâtez et à qui vous avez envie de faire plein de cadeaux, quitte à dépenser plus que vous ne le pouvez. Et vous avez aussi une meilleure image de vous…

> 2ᵉ DECAN

Vous en avez ressenti les « effets » l'année dernière, en 2021 **Uranus** sera encore plus en phase avec votre décan or c'est une configuration pleine de promesses. Des promesses de projets à concrétiser, de renouvellement, de découvertes sur vous-même et sur la part créative de votre personnalité. Mais la découverte peut aussi venir de la maternité, de la paternité, ou du fait de devenir grands-parents. En réalité, tout ce qui a un caractère de nouveauté peut vous réjouir.

> 3ᵉ DECAN

C'est toujours **Pluton** la vedette de votre décan, mais elle a plus ou moins de pouvoir selon votre année de naissance. Ceux qui la « sentiront » le plus sont ceux du début des années 80 et pour les autres ce sera moins sensible… Si vous faites partie des natifs des 80', vous êtes à un tournant important mais à mon avis, vous l'avez plus ressenti en 2020. Quoi qu'il en soit, la planète est bien installée mais il se peut que vous ayez parfois du mal à gérer les mutations et transformations qu'elle vous impose.

VERSEAU

> 1er DECAN

Vous avez été marqué, ces deux-trois dernières années par les influx d'**Uranus**, porteurs de changement : ils vous demandaient de déblayer le terrain pour construire quelque chose de nouveau. Et si vous avez eu des difficultés, c'est parce que vous avez résisté au changement ou que d'autres vous ont mis des bâtons dans les roues. Bonne nouvelle, en cette année 2021, Uranus s'en va vers votre 2e décan et on peut parier que d'autres planètes vont vous faire voir les choses d'une manière différente, que vous allez progresser, tout en continuant à construire.

> 2e DECAN

Vous n'entendrez plus parler de **Neptune** et de ses embrouilles financières à partir de fin février, et vous recevrez chez vous **Jupiter** (fin janvier, février et la première quinzaine de mars) ainsi que **Saturne** à partir du mois de mars. De la nouveauté dans votre vie ? Oui, si vous voulez bien laisser partir un passé auquel vous semblez tenir, ce qui ne sera pas facile semble-t-il. Il se trouve que vous devez peut-être lâcher une ancienne situation, perdre éventuellement un statut au profit d'une nouvelle situation. Mais c'est compliqué !

> 3e DECAN

Vous serez encore éloigné des problèmes d'instabilité que peut créer **Uranus**, à moins que vous n'ayez d'autres planètes dans un décan différent de votre ascendant. Quoi qu'il en soit, ce que nous savons avec certitude, c'est que vous recevrez la visite de **Jupiter**, qui n'a lieu que tous les 11, 12 ans. La planète de chance, qui gère vos projets les plus importants ainsi que vos réseaux relationnels, sera chez vous, dans votre décan du 16 mars au 13 mai, une longue période où vous aurez certainement une ou plusieurs belles occasions à saisir.

POISSONS

> 1er DECAN

Le bon plan cette année, ce sera l'arrivée de **Jupiter** dans votre décan. Et avec Jupiter dans votre ascendant (entre mai et fin juillet), tout est possible, même l'impossible ! Une configuration que vous n'avez pas vue depuis 11/12 ans et qui, selon votre thème natal, peut se révéler très positive et amplifier tous vos succès. Mais gare à la négligence car on ne vous laissera rien passer, surtout si la négligence porte sur les questions administratives : n'oubliez pas de payer vos taxes, vos factures, ou de rembourser vos crédits.

> 2e DECAN

A votre tour de goûter aux développements personnels et professionnels promis par **Uranus**, déjà active l'année dernière. Mais après le mois d'avril, elle vous sera définitivement acquise et même si l'aspect qu'elle forme avec vous n'est pas très fort, rien ne dit qu'il ne va pas avoir un certain impact sur votre vie. Il y a du nouveau, ou il va y avoir du nouveau et ce sera à travers des relations, ou grâce à une formation, des études, quelque chose de l'ordre de l'apprentissage. Et cela pourrait bien changer votre vie !

> 3e DECAN

Vous n'êtes pas encore sensible aux influx d'**Uranus** mais votre ascendant n'en sera pas moins stimulé cette année et par deux grosses planètes et surtout la plus troublante, la plus déstabilisante c'est-à-dire **Neptune**. Vous n'en ressentez pas toujours les influx car ils sont impalpables et se manifestent uniquement à travers les autres, l'attitude qu'ils ont avec vous étant parfois gênante : soit ils sont trop « accros » à vous, soit c'est vous qui êtes dépendant d'une personne que vous aimez et… qui en profite. Mais vous aurez de nombreuses prises de conscience.

Vos prévisions 2021

mois par mois

Janvier

SIGNE DU MOIS: CAPRICORNE

> QUOI DE NEUF ?

Bon anniversaire !
Votre année s'annonce plutôt bien puisque nombre d'entre vous fêteront leur anniversaire soit sous une harmonie Vénus/Uranus, soit sous une harmonie Mars/Uranus. Cette planète vous a libéré de vieux schémas ces dernières années, elle va encore regarder votre 1er décan pendant quelques semaines puis elle s'occupera de votre 2e décan. Mais le 1er profitera de ses progressions et autres nouveautés pendant longtemps encore. Vous êtes plutôt verni !

Mercure vous donne des idées malignes
Elle vous quitte pour le Verseau le 8 janvier, un signe qui est un peu le contraire du vôtre, car il s'affranchit de toutes les conventions, et parfois trop ! Dans ce signe, Mercure vous verra plus malin, plus rusé parce que vous saurez sortir des sentiers battus et adopter un autre angle de vision. Vous envisagerez d'une autre manière les détails pratiques de votre existence et surtout les questions d'argent, centrales cette année puisque vous songez peut-être à un investissement.

Jupiter et Saturne pèsent sur votre argent
Voilà pourquoi l'argent sera tellement important cette année. Et ce n'est pas tellement Jupiter, qui quittera le Verseau pendant quelques mois, c'est surtout votre planète, Saturne, qui aura une influence sur tout ce qui est concret, pratique, et qui est en rapport avec l'argent et votre confort personnel… Peut-être allez-vous acheter un bien et cela explique pourquoi il faudra vous serrer la ceinture pendant quelque temps. Mais vous avez peut-être déjà acheté ?

> COMMENT BIEN VIVRE LA CONJONCTURE ?

Côté boulot : avec Mars en Taureau, quelle détermination !
A priori, avec ces bons influx de Mars (né en décembre et début janvier) ne laissez rien ni personne entraver votre volonté et vos désirs. Soyez inflexible, on peut penser que cela ne vous desservira pas, au contraire. Toutefois allez-y en douceur autour des 9 et 10, ça pourrait coincer, inutile de forcer. Les bons influx de Mars et Uranus, très créatifs, seront actifs entre le 12 et le 27 : prenez d'audacieuses initiatives, vous ne le regretterez pas.

Côté cœur : Vénus chez vous après le 8
La planète du cœur fait un premier passage chez vous, le second ayant lieu en décembre où, je vous le rappelle, Vénus stationnera chez vous. Ce mois-ci, son harmonie avec Uranus la semaine du 11 vous permettra de pimenter un peu votre relation, ou de vivre des moments à part avec votre chéri/e. 1er décan, encore ! Et les célibataires pourraient faire une rencontre étonnante, surprenante. 3e décan, Vénus sera conjointe à Pluton à partir du 23 et ça sera chaud pour vous ! De la même manière, peut-être, qu'en fin d'année, mais gare à la jalousie, aux crises…

> LE TOP OU LE FLOP DU MOIS

Des Tops, l'harmonie Vénus-Uranus, suivie de celle de Mars et Uranus. Vous êtes gâté, 1er décan né autour du 28 décembre ! Cela peut jouer sur deux tableaux : soit sur votre vie affective et vous aurez de belles et parfois surprenantes preuves d'amitié, voire d'amour, mais cela peut aussi indiquer de belles progressions dans le domaine professionnel (entre le 12 et le 27), vous pourriez vous investir dans une nouvelle activité (par exemple).

À NOTER : la nouvelle Lune du 13 janvier sur le 23e degré de votre signe (3e décan) est conjointe à Pluton. Né ce jour-là et autour (3 jours avant, 2 jours après), vous êtes peut-être en train de vivre un temps fort de votre existence, au positif pour beaucoup d'entre vous. Vous approfondissez un domaine et cela pourrait vous révéler à vous-même ; à moins que vous ne preniez du pouvoir ou qu'une nouvelle vie s'offre à vous.

Février

SIGNE DU MOIS: VERSEAU

> QUOI DE NEUF ?

Le Verseau et vous

C'est votre signe d'argent, celui qui gère vos gains, vos possessions et vos futures acquisitions. Plusieurs planètes y transitent cette année, surtout ce mois-ci puisque vous y trouvez le Soleil, Mercure, Vénus, Jupiter et Saturne ! Une des qualités que vous pourriez prendre au Verseau pour mieux gérer votre argent, c'est son sens de l'anticipation. Si vous avez un important achat à faire, ne voyez pas que l'acte en lui-même, mais tout ce qui peut en découler de bien ou de moins bien. C'est important pour la suite des événements.

Première rétrogradation de Mercure

A partir du 1er, Mercure en Verseau entamera une station sur le 11e degré du signe, qui correspond à ceux qui sont nés les 1er et 2 janvier. Si vous êtes en pleine négociation financière (ou autre, selon votre thème), il y aura certainement une période où les choses n'avanceront pas, vos interlocuteurs étant occupés ailleurs ou plongés dans leurs réflexions. Les choses reprendront leur cours normal après le 21, entre-temps, ne vous engagez dans rien, ne faites aucune promesse.

Né après le 2 janvier, faites-vous remarquer

Vous êtes plutôt du genre réservé, mais avec les bons aspects de Mars non seulement ce que vous entreprendrez marchera mais vous avez tout intérêt à mettre vos actions en valeur, que tout le monde soit bien au courant de ce que vous faites et des bons résultats que vous allez obtenir. Il ne s'agit pas de vous vanter, mais de faire remarquer que telle ou telle chose marche bien et que vous en êtes le créateur ou la créatrice. Faites votre propre pub, si personne ne le fait !

> COMMENT BIEN VIVRE LA CONJONCTURE ?

Côté boulot : soyez à l'initiative

Vous disposez d'un bon aspect de Mars si vous êtes né après le 2 janvier : Mars est en Taureau jusqu'au mois prochain et chacun en disposera deux ou trois jours. Il s'agit, avec Mars, de vous affirmer, de montrer que vous êtes là et que vous avez de l'autorité, de la volonté et de la détermination. Et encore plus du fait que Mars est en Taureau, ce signe étant le plus têtu du zodiaque. En aucun cas, vous ne lâcherez prise lorsque vous entreprendrez quelque chose, bravo !

Côté cœur : Vénus aussi en Verseau

En secteur d'argent, Vénus ne sera pas des plus sentimentales, vous vous en doutez ! Elle sera probablement positive en ce qui concerne vos finances, surtout si vous êtes du 2e décan, car elle rencontrera Jupiter la semaine du 8, la meilleure du mois. Une belle rentrée ? Un bonus ? Mais vous pourriez également être victime d'un coup de foudre pour un humain ou pour un objet, notamment si vous êtes né début janvier. D'une manière ou d'une autre, vous aurez la baraka.

> LE TOP OU LE FLOP DU MOIS

Le top de ce mois, l'alliance entre Mars et Neptune, qui s'étendra du 6 au 21 février et sera active surtout pour la fin du 2e décan et le début du 3e (c'est-à-dire né entre le 9 et le 12 janvier). Elle vous donnera une sorte de confiance illimitée en vous et en vos actions/décisions. Vous ferez preuve d'autorité, de force, et ce sera la clé de votre réussite. Parce que vous n'avez pas toujours autant confiance en vous, n'est-ce pas ?

À NOTER : la nouvelle Lune se tiendra le 11 février dans le 3e décan du Verseau, en relation donc avec votre 3e décan. Elle parlera bien sûr d'argent, ou en tout cas de ce qui est le sujet principal de ce mois, vos besoins et vos moyens, et comme elle ne forme aucun aspect notable, vous aurez l'impression d'avoir toute liberté pour agir, négocier, ou apporter votre contribution à une cause que vous trouvez juste.

SIGNE DU MOIS: POISSONS

> QUOI DE NEUF ?

Que prendre aux Poissons ?

C'est un signe en harmonie avec le vôtre, vous pouvez donc vous inspirer de lui et de sa principale qualité : son intuition. Vous, signe de Terre, souvent très rationnel, avec les Poissons dans votre poche vous serez le plus fort parce que vous pourrez survoler les raisonnements des autres et leur clouer le bec : on ne pourra que vous donner raison. Mais encore faut-il que vous ne doutiez pas de vous et de vos perceptions. A priori, vous serez très en phase la semaine du 8.

Très exigeant dans le travail

Vous aurez du mal avec ceux qui ne font pas bien leur boulot et se permettent de critiquer. Et comme ce n'est peut-être pas votre rôle de les remettre au pas, vous serez passablement énervé contre certains de vos collègues ou collaborateurs. Cela dit, ce sont des aspects très légers et qui parfois ne durent qu'une demi-journée. Donc inutile de vous mettre la rate au court-bouillon, essayez d'être moins choqué par ceux qui négligent leur travail alors que vous êtes si consciencieux.

Neptune regarde franchement votre 3ᵉ décan

Elle est entrée dans le 3ᵉ décan des Poissons le mois dernier et Neptune va rester en phase avec vous à présent. Elle est en bon aspect, un aspect de détente et qui pourrait vous aider à être moins dans le devoir. Je ne dis pas que c'est mal d'être dans le devoir mais vous l'êtes trop, cela vous pompe beaucoup d'énergie, c'est fatigant et vous pourriez utiliser cette énergie autrement, tout en restant la personne responsable que vous êtes. Sans excès, de manière raisonnable.

> COMMENT BIEN VIVRE LA CONJONCTURE

Côté boulot : montrez que vous pouvez être multitâches
Mars transite le 1er et une partie du 2e décan des Gémeaux. C'est précisément, pour vous Capricorne, un secteur qui représente votre travail quotidien, les tâches que vous avez à accomplir ; on peut imaginer qu'elles seront nombreuses et que vous serez presque obligé de vous dédoubler pour venir à bout de tout ce que vous aurez à faire. Et cela, autant au bureau que chez vous où vous pourriez aussi avoir à bricoler !

Côté cœur : des relations tendres et complices
La douce Vénus sera elle aussi en transit en Poissons jusqu'au 21 mars, en conjonction avec Neptune la semaine du 8 et le week-end qui suit. Excellente configuration dans son ensemble, et particulièrement cette semaine-là, peut-être parce que vous serez plus disponible pour l'autre ou que c'est lui/elle qui aura plus de temps à vous consacrer. Vos échanges renforceront vos liens et l'humour sera la pierre angulaire de votre relation. Il n'y aura, apparemment, aucun sujet de dispute, vous serez d'accord sur tout (mais voir votre ascendant). Célibataire, un flirt pourrait vous amuser.

> LE TOP OU LE FLOP DU MOIS

La rencontre Vénus/Neptune est un top pour vous, parce que comme je vous l'ai dit, elle est symbole de détente. Sous cet aspect, vous êtes conduit à diminuer les limites que vous vous êtes imposées et à prendre les choses moins à cœur ; c'est important pour votre signe, pour qui beaucoup de choses semblent être essentielles. Tout mobilise votre énergie plus que chez les autres signes et c'est donc très bien que vous lâchiez un peu prise.

À NOTER : la nouvelle Lune du 13 a lieu dans le 3e décan des Poissons, conjointe à Neptune et là encore il s'agit d'être moins dans le contrôle, surtout si vous êtes du 3e décan du Capricorne. Plusieurs situations peuvent avoir déclenché ce processus : une nouvelle relation qui justement vous incite à la détente, ou encore une ouverture sur une religion, sur une philosophie de vie plus zen.

SIGNE DU MOIS: BELIER

> QUOI DE NEUF ?

Que signifie le Bélier pour vous ?

C'est un des « angles » de votre thème, une des bases sur lesquelles vous êtes construit et il gère votre vie intime, familiale, vos racines, tout ce qui vous touche personnellement, par opposition au domaine du travail où vous ne vous laissez toucher par rien (a priori). Vous serez peut-être plus sensible et irritable pendant les quelques jours où le Soleil et les autres planètes en Bélier, comme Mercure, vous regarderont, mais ce sera une bonne chose, il faut de temps en temps montrer quelques émotions tout de même !

Jupiter s'occupe de votre 3e décan

Elle était déjà au travail le mois dernier et le mois prochain, Jupiter fera une incursion en Poissons, en bon aspect avec votre 1er décan ! Nous en reparlerons. En ce qui concerne le 3e, qui reçoit aussi des influx de Neptune, il se peut que vous ayez une grosse dépense à faire, peut-être pour une importante acquisition (voiture, maison, etc.). Jupiter ne forme aucune dissonance et peut donc, selon votre thème, faciliter tout ce qui est du domaine des acquisitions. C'est aussi le bon mois pour investir !

2e décan, ceinture !

Saturne risque de vous coincer un peu sur le plan financier, mais il n'y a pas qu'elle dans votre thème et d'autres planètes peuvent la contrer. Donc ce que je vais dire est à prendre avec un certain recul : vous pourriez avoir à vous serrer la ceinture parce que vous avez trop dépensé ou parce que vous voulez économiser en vue d'un achat. Quoi qu'il en soit, il y aura un petit malaise avec l'argent, peut-être aussi parce qu'il manquera, certains ayant une activité libérale qui passe par des hauts et des bas.

> COMMENT BIEN VIVRE LA CONJONCTURE

Côté boulot : Mars est encore multitâches

Né après le 6 janvier, Mars sera en relation avec vous depuis les Gémeaux, votre secteur du travail. Vous serez donc probablement un peu débordé, au point que certains ne pourront même pas prendre quelques jours autour de Pâques. Toutefois, Mars et Jupiter étant en bon aspect pratiquement tout le temps, vous aurez des résultats très satisfaisants et même peut-être sur le plan financier dont nous avons vu à quel point il est important cette année.

Côté cœur : ce sera plus cool après le 14

Oui parce que jusqu'à cette date, Vénus sera en Bélier (chez Mars donc) et qu'elle sera un peu vindicative. Vous n'avez pas l'habitude de demander, ça vous soûle, mais avec cette Vénus, malgré vous, vous attendrez un geste de l'autre, plus de tendresse, de câlins, or ça ne sera pas du tout l'ambiance. Au contraire, il y a risque de dispute pour des raisons fallacieuses. Par ailleurs, certains pourraient retrouver un ou une ex. et se faire des idées…Après le 14, vous serez presque les rois du monde, surtout né autour du 1er janvier, la rencontre Vénus-Uranus peut produire un événement spécial ou une rencontre inattendue.

> LE TOP OU LE FLOP DU MOIS

Un petit flop entre le 4 et le 19, période au cours de laquelle Mercure traversera le Bélier. Vous qui réfléchissez toujours avant de parler, vous vous laisserez aller à dire clairement et spontanément ce que vous pensez et tant pis si on n'est pas content ! Et je pense que le ciel vous donnera raison, vous avez tout à gagner à être franc, sans pour autant vous montrer blessant. Mettez les formes !

À NOTER : la nouvelle Lune du 12 avril se fait dans le 3e décan du Bélier, avec une légère dissonance entre cette NL et Pluton. Pas sûr qu'il faille en tenir compte. Dans le cas contraire, elle pourrait vous permettre de terminer un travail avant d'en commencer un autre, ou de tourner une page sur quelque chose du passé, ce qui libérerait de l'espace intérieur. Le Capricorne engrange toujours beaucoup de souvenirs, parfois trop.

SIGNE DU MOIS: TAUREAU

> QUOI DE NEUF ?

1er décan, les cadeaux de Jupiter

Et c'est une bonne nouvelle pour vous ! Jupiter s'installe jusqu'au 29 juillet dans le 1er décan des Poissons, en harmonie avec votre Soleil. Déjà, vos activités se développent, vous avez même pu noter qu'elles se multiplient et qu'elles vous occupent à plein temps, tout en vous rapportant (pour certains). Par ailleurs, votre entourage peut s'agrandir grâce à un mariage ou à une naissance, et quelques-uns connaîtront une période de fréquents et productifs déplacements.

Uranus décoiffe le 2e décan

Vous en avez déjà une idée, car elle avait timidement occupé le 2e décan du Taureau l'année dernière, mais là Uranus avance davantage et peut aider une grande partie du décan à prendre plus de liberté, à se dégager de ce qui gène sa progression ; toutefois, Saturne n'est pas d'accord avec Uranus et il se peut que cette évolution soit freinée par des circonstances indépendantes de votre volonté. Ou que ce soit vous qui ayez peur de cette prise d'indépendance !

Hors limites avec Neptune

En bonne relation avec votre 3e décan, Neptune sera en phase avec plusieurs planètes ce mois-ci et si vous êtes né autour des 12 et 13 janvier, vous sentirez ses influx par vagues. Il se peut que vous ayez une foi inébranlable en vous-même, à tel point que vous ne verrez pas les obstacles (matériels la plupart du temps), ou que vous les considérerez comme négligeables alors que peut-être il faudrait être un peu plus vigilant. À vous de voir où sont les limites et s'il faut les respecter.

> COMMENT BIEN VIVRE LA CONJONCTURE

Côté boulot : une collaboration ?

Mars en Cancer se retrouve face à vous tout le mois, mais elle sera à la fois en bon aspect avec Uranus et avec Neptune en toute fin de mois. Il vous faudra être conciliant si vous ne voulez pas de conflit, ou jouer un rôle de négociateur si on s'écharpe autour de vous (ce qui est possible). Dans ce cas, grâce à Mars/Uranus vous serez drôlement malin (un peu avant la semaine du 10) et trouverez des solutions pour le moins originales mais qui feront leur petit effet.

Côté cœur : Vénus pleine de petites attentions

La planète du cœur occupera le léger et amusant Gémeaux à partir du 9, les choses de l'amour se faisant plus cérébrales que sentimentales ou physiques. Mais le point positif de cette Vénus en Gémeaux, que vous ressentirez chacun deux ou trois jours, c'est que vous (ou l'autre) serez le roi ou la reine des petites attentions touchantes et qui, mine de rien, créent du lien et même renforcent les liens. Et cela se produira autant dans le domaine amoureux qu'amical. Certains pourraient se mettre à penser davantage à un collègue…

> LE TOP OU LE FLOP DU MOIS

Le flop, mais ça ne sera pas que pour vous, c'est la mésentente entre Uranus (les progressions) et Saturne (les régressions). Tout le monde pourrait profiter de certaines avancées, de certains changements indispensables, d'un gain de liberté alors que la quelque chose de rétrograde risque de bloquer la situation, de nous placer entre la volonté de certains de conserver des acquis et celle des autres de jeter ces acquis pour aller de l'avant.

À NOTER : la nouvelle Lune du 11 mai a lieu au début du 3e décan du Taureau, qui correspond aux Capricorne nés autour des 10 et 11 janvier. La NL est pour tout le monde, bien sûr, mais sera davantage ressentie par ces natifs. Elle est positive pour votre image, pour votre amour-propre, mais aussi pour vos loisirs. Et vous en aurez pas mal, même s'il y a moins de jours fériés cette année étant donné qu'ils tombent un samedi (1er et 8 mai).

SIGNE DU MOIS: GEMEAUX

> QUOI DE NEUF ?

Le Gémeaux, votre contraire

Normalement, votre contraire, votre opposé, c'est le Cancer et c'est justifié puisque c'est le signe des émotions et que vous, les émotions, vous les refoulez. Mais les Gémeaux vous semblent appartenir à un autre monde tant ils prennent parfois la vie à la légère alors que vous, vous la prenez très au sérieux. Essayez d'intégrer un peu de Gémeaux dans votre vie quotidienne, elle sera plus facile à vivre ! Quant à tomber amoureux d'un Gémeaux, j'ai des doutes, à moins que vous n'aimiez la différence !

Déjà Jupiter rétrograde, 1er décan

Elle est toujours chanceuse pour vous et très bien placée dans le secteur qui gère votre communication et ce qu'on dit de vous… Apparemment, avec Jupiter, vous avez la cote dans votre milieu, même s'il ne comprend pas beaucoup de monde. D'ailleurs, sous cette configuration, vous pourriez justement élargir votre entourage en faisant de nouvelles connaissances ou grâce à l'arrivée, par exemple, de nouveaux voisins. Mais vous pouvez aussi être en apprentissage, un apprentissage qui vous servira tout le reste de votre vie.

Mercure rétro jusqu'au 23 juin

Tout comme le Soleil qui y est depuis le 21 mai, Mercure traverse aussi les Gémeaux… mais en marche arrière (en apparence). 2e et 3e décans vous êtes les plus concernés et Mercure va stationner en regard de ceux qui sont nés vers les 6 et 7 janvier. Vous attendez probablement qu'on vous répare un outil ou qu'on vous donne une réponse à propos d'un travail ? Soyez patient, ce sera après le 23, quand Mercure sera de nouveau directe. Évitez de trop vous prendre la tête d'ici là, vous risqueriez de somatiser.

> COMMENT BIEN VIVRE LA CONJONCTURE

Côté boulot : soyez super productif

Surtout après le 11, quand Mars entrera en Lion. Cela ne concernera en principe que le 1er décan, mais on ne sait jamais… cela peut avoir une influence sur vous, même si vous n'êtes pas du 1er décan. Vous le savez, Mars est la planète de tous les combats et le Lion gère à la fois vos finances et, sur le plan psychologique tout ce qui s'apparente au doute et au manque de confiance. Ne vous laissez pas déstabiliser parce que l'argent ne rentre pas assez vite ; allez le chercher, ne l'attendez pas !

Côté cœur : Vénus face à vous, vous allez plaire

Vénus va traverser les trois décans du Cancer et se trouvera donc face à vous. Mais ce sera positif, car elle ne formera pas de dissonance, sauf une rapide en fin de période, avec Pluton (3e décan). 1er et 2e décans, votre vie sociale sera plus animée, vous serez plus souvent invité et même vous ferez d'agréables rencontres qui vous feront rêver. Surtout au début du mois, si vous êtes du tout début du signe : il semble que vous plairez ou que quelqu'un vous plaira beaucoup. Né autour du 16 janvier, les premiers jours du mois et la semaine du 21 risquent de vous voir un peu bloqué.

> LE TOP OU LE FLOP DU MOIS

Un flop car la dissonance entre Saturne et Uranus est toujours active ce mois-ci. Cependant Saturne recule depuis le 23 mai et les tensions devraient s'apaiser pendant quelque temps. Elles resteront cependant sous-jacentes et si vous les sentez, elles seront surtout à relier à vos affaires financières, en particulier si vous êtes du 2e décan. Dans ce cas, il se peut que vous décidiez de renoncer à un job au profit d'un autre, bien plus intéressant. Mais renoncer est toujours un challenge pour le Capricorne !

À NOTER : la nouvelle Lune du 10 juin a lieu à cheval entre le 2e et le 3e décan des Gémeaux. Cela correspond à ceux qui sont nés autour des 9 et 10 janvier, une nouvelle Lune axée sur le travail, la forme, et qui ne reçoit aucun aspect particulier. Le travail donc, la forme ainsi que votre vie quotidienne et ses aléas, seront au premier plan ; un petit souci de santé pourrait vous perturber très momentanément et surtout parce que vous ne vous soignerez pas !

SIGNE DU MOIS: CANCER

> QUOI DE NEUF ?

Qu'est-ce que le Cancer peut vous apporter ?

C'est le signe qui s'oppose à vous, alors vous êtes à la fois très différents et très complémentaires. Pour vous sentir entier, il faut que vous preniez certaines choses au Cancer, et en particulier sa capacité à s'émouvoir de tout, à laisser libre cours à son imagination, même s'il ne s'agit que de rêves qui ne se concrétiseront jamais. Vous, vous vous empêchez de rêver, c'est du temps perdu selon vous, et vous contrôlez trop vos émotions parce qu'elles vous dérangent.

Uranus stationne, prenez des libertés 2e décan

En particulier si vous êtes né autour du 5 janvier, mais tout le décan peut avoir des échos de cette station d'Uranus, qui reculera à partir du 20 août prochain. Elle est donc active ce mois-ci, d'autant plus que le Soleil sera en phase avec elle autour du 6 juillet : un saut en avant, un projet qui reçoit un coup de booster, peut-être de la part de quelqu'un ? Ou alors, c'est vous tout seul qui décidez que les choses doivent avancer et vous faites ce qu'il faut pour que ça marche.

Pluton recule, mettez une sourdine côté pouvoir

3e décan, Pluton est chez vous et reçoit elle aussi un aspect du Soleil ce mois-ci, aux alentours des 17, 18 juillet. Au positif, vous vous sentez approuvé dans votre façon d'exprimer votre force vitale et votre autorité ; vous disposez d'une maîtrise sur vous et sur les autres. Au négatif, vous risquez d'avoir quelques angoisses concernant l'avenir d'une relation, ou le fait que vous êtes seul et ne trouvez pas chaussure à votre pied. À moins que vous n'affrontiez un échec.

> COMMENT BIEN VIVRE LA CONJONCTURE

Côté boulot : des rivalités, des jalousies ?

Né après le 2 janvier, Mars sera deux ou trois jours en relation avec vous dans le courant du mois. Vous sentirez ses énergies à travers les jalousies que vous pouvez provoquer, ou le besoin qu'ont certains de se mesurer à vous, de rivaliser avec vous. Cela devrait vous flatter, car, finalement, ces personnes vous envient, mais il se peut que vous ne le viviez pas très bien parce que vous avez besoin d'harmonie ce mois-ci.

Côté cœur : Vénus très sensuelle jusqu'au 22

2e et 3e décans, Vénus sera conjointe à Mars dans un secteur qui est très porté sur... le sexe. Il se peut que vous ayez un certain magnétisme et qu'on soit attiré par vous ; mais il n'est pas sûr que vous preniez cela au sérieux et c'est tant mieux. D'abord, si vous êtes en vacances amusez-vous, et ensuite ce sera une vraie détente pour vous de ne pas vous prendre trop la tête sur vos sentiments ou ceux de l'autre. Vous vous la prenez assez comme ça en temps normal. En couple, il pourrait y avoir un intense retour de flamme...

> LE TOP OU LE FLOP DU MOIS

Un flop avec l'opposition entre Vénus et Saturne. Cependant, je ne pense pas que cela aura une importance capitale. Sur le plan financier il faudra vous poser quelques limites mais c'est tout à fait dans vos cordes, naturellement. Et dans le domaine amoureux, il se peut que votre partenaire ne soit pas en phase avec vos désirs, mais juste vers le 7 juillet. Ou c'est vous qui serez moins enthousiaste pendant 24 heures.

À NOTER : la nouvelle Lune du Cancer a lieu le 10, sur le 18e degré du signe (fin du 2e décan) et elle s'oppose à ceux qui sont nés autour du 9 janvier, les invitant à être plus ouverts avec les autres, à laisser leurs émotions et leurs sentiments s'exprimer davantage. Étant donné qu'elle est libre de tout aspect, elle peut aussi vous valoir une invitation qui vous fera plaisir. À moins que vous n'ayez un choix à faire autour de cette date...

SIGNE DU MOIS: LION

> QUOI DE NEUF ?

Envie, jalousie, rivalités sont du ressort du Lion

C'est le signe du plein été, un signe fixe qu'il est difficile de manipuler à votre guise. En effet, que faire si vous ressentez de la jalousie ou si c'est l'autre qui est jaloux ou si vous avez une rivalité à gérer ? On pourrait se dire que le mieux serait de les ignorer, et c'est une chose que vous savez très bien faire, ignorer les émotions des autres, mais il semble que vous aurez du mal à ne pas réagir et à ne pas frapper un bon coup pour faire cesser ces éventuelles querelles.

Mais, grâce à Mars, vous serez le plus fort

C'est en effet la cerise sur le gâteau en ce mois de vacances. Vous aurez envie/besoin de faire du sport, de vous mesurer aux autres et de montrer à quel point vous pouvez être fort et déterminé à gagner. Vous ferez ressortir toutes vos compétences sous cette conjoncture et elles s'exprimeront autant dans vos activités de loisir que dans votre travail si vous êtes au boulot. Vous saurez dépasser vos limites, ou en tout cas vous en mettre beaucoup moins et vous faire remarquer.

2e décan, Uranus rétrograde après le 20

Uranus représente vos progressions et on sait que vous avez envie d'avancer, de vous dégager de certains schémas pour exister pleinement. Et vous le pouvez, grâce à Uranus. Cependant, Saturne n'était pas d'accord avec elle dernièrement, ce qui va cesser ce mois-ci puisque Saturne rétrograde et s'occupe de nouveau du 1er décan. Vous allez donc pouvoir donner un coup d'accélérateur à tout ce qui peut vous faire évoluer dans le bon sens, dans votre vie privée ou professionnelle, mais les résultats viendront plus tard.

> COMMENT BIEN VIVRE LA CONJONCTURE

Côté boulot : la rivalité, un stimulant ?

Si vous ne prenez pas de vacances, ou si vous en êtes revenu, vous n'aurez pas à vous plaindre de l'ambiance, même si c'est vous qui créez des conditions que vous trouverez stimulantes, c'est-à-dire une ambiance où vous mettrez vos collaborateurs ou collègues en rivalité. En effet, cela peut venir de vous et de votre vision personnelle du travail et des méthodes à employer. Et il semble qu'en l'occurrence vous n'aurez pas tort.

Côté cœur : passez vos peurs à la moulinette

2e et 3e décans, vous disposerez d'une agréable Vénus jusqu'au 16 ! Elle sera bien placée par rapport au Capricorne, dans votre secteur des voyages et il est donc possible que vous fassiez un beau périple à deux, que vous alliez visiter des endroits que vous ne connaissez pas, ou que vous crapahutiez en montagne… La randonnée étant souvent une de vos activités favorites. Si vous êtes célibataire, vous rendre à l'étranger pourrait vous permettre de vivre une petite aventure, car, du fait d'être « ailleurs », certaines barrières tomberont, pour votre plus grand plaisir. Après le 16, Vénus en Balance sera plutôt favorable à vos objectifs professionnels.

> LE TOP OU LE FLOP DU MOIS

Le top, sera possible la semaine du 16 quand Mars sera en harmonie avec Uranus. Vous n'aurez peut-être qu'une forte énergie, une inflexible détermination, mais il se peut aussi que vous réalisiez quelque chose d'inédit, que vous preniez des libertés par rapport à votre propre code de valeur. Et bien évidemment, cela ne peut pas vous nuire, au contraire, étant donné qu'Uranus vous dit depuis des mois (2e décan), qu'il faut agir en toute liberté.

À NOTER : la nouvelle Lune se forme le 8 à 16° du Lion, correspondant aux natifs des 6, 7 janvier. Elle occupe donc le signe qui gère vos rivalités, jalousies, etc. et pourrait les accentuer autour de cette date. Toutefois, le Lion gère aussi votre productivité et il n'est pas impossible que cette NL soit positive pour vos finances et en particulier ce que vous rapportent vos placements si vous en avez. Sinon, certains pourraient toucher un bonus…

Septembre

SIGNE DU MOIS: VIERGE

> QUOI DE NEUF ?

Que devez-vous à la Vierge ?

Presque tout ! C'est votre secteur de joie, et comme c'est le signe du travail on peut penser que vos joies (comme vos peines, c'est indissociable) sont le plus souvent liées au travail et aux succès que vous pouvez obtenir. Vous persistez et signez, ne lâchez jamais un travail en cours, sauf si vous y êtes obligé, et si vous avez une clientèle, en général ce sont des personnes qui vous mettent sur un piédestal parce que vous leur apportez beaucoup.

Mercure et le partage du travail

Mercure va faire des allers et retours en Balance, ce qui peut signifier plusieurs choses. D'abord que vous serez hésitant sur la conduite à tenir avec un collègue ou un employé qui a pris de l'importance et qui en profite. Mais il est aussi possible qu'un conflit se présente, (toujours au travail) et que vous soyez chargé de l'aplanir. Votre force de caractère, alliée à une délicatesse (inspirée par la Vierge, signe du mois) vous permettront de bien remplir votre mission.

Mars et vos rapports avec l'autorité

Mars entrera en Balance le 15 mais ne croisera pas Mercure avant le mois prochain, entre le 8 et le 12 octobre. Nous en reparlerons, bien sûr. Seuls les natifs du 1er décan devront supporter Mars ce mois-ci, mais comme elle sera en phase avec Saturne, cela ajoutera à votre force et à votre détermination à faire régner l'ordre, l'harmonie et la justice autour de vous. Mais si cela n'est pas dans vos attributions, on pourrait vous reprocher de vouloir prendre le pouvoir.

> COMMENT BIEN VIVRE LA CONJONCTURE

Côté boulot : soyez conciliant, svp !

On retrouve donc les influx de Mars, ceux de Mercure et même s'ils ne touchent pas les mêmes décans, vous serez nombreux à devoir jouer les intermédiaires (Mercure) pour « arranger » un problème entre collègues ou employés. Si vous êtes né en décembre et que vous êtes sensible à Mars, ça ne se passera pas facilement. On essayera de vous prendre en faute ou de vous pousser dans vos retranchements. Mais vous saurez rester de glace.

Côté cœur : une Vénus propice à l'amitié amoureuse

Il faudra attendre le 10 du mois pour que Vénus entre en Scorpion et occupe ainsi votre secteur d'amitié. Mais avec Vénus, ces amitiés pourraient prendre une autre dimension, tout du moins l'une d'entre elles. Vous vous surprendrez peut-être à fantasmer sur quelqu'un avec qui vous avez des liens amicaux, mais parfois il ne s'agira que d'une simple relation de travail que vous regarderez d'une autre manière à la suite d'un « moment » où vous aurez été en communion. Ne vous interdisez surtout pas de rêver, c'est bon pour la santé.

> LE TOP OU LE FLOP DU MOIS

Ce sera un top et un flop, tout dépend comment vous le prendrez. 3e décan, en fin de mois, Mercure va stationner, cela lui donne toujours plus d'importance, et elle va s'arrêter (en apparence) tout en formant une dissonance avec Pluton. Si vous êtes né autour du 14 janvier, vous serez comme un rayon laser, vous entrerez facilement dans la tête des autres. Et ce que vous y découvrirez peut vous plaire ou carrément vous déplaire et produire en vous un certain cynisme.

À NOTER : la nouvelle Lune de la Vierge a lieu le 7, dans le 2e décan du signe, et regarde votre 2e décan à vous. Elle est en parfaite harmonie avec Uranus et si vous êtes né autour des 4, 5 janvier, vous pourriez gravir un échelon, voir votre renommée prendre soudain son envol et être reconnu dans ce que vous faites (toutes proportions gardées). Il se peut aussi que vous décidiez de vivre autrement, peut-être pour plaire à une personne que vous aimez…

SIGNE DU MOIS: BALANCE

> QUOI DE NEUF ?

La Balance, un signe essentiel
Selon la Tradition, le Soleil occupe le secteur le plus important de votre thème, celui qui gère vos ambitions, vos réussites, mais aussi vos échecs ou plutôt votre peur de l'échec. Elle ne vous empêche pas de réussir bien sûr, mais peut retarder votre réussite parce que vous ne vous autoriserez pas à prendre certaines initiatives par peur de déplaire. Dans l'idéal, il faudrait vous débarrasser de ces idées préconçues qui sont un frein à votre progression.

Mars est au zénith, quel boulot !
Né après le 1er janvier, vous recevrez les influx de Mars chacun à votre tour et comme elle formera de bons aspects, vous serez en surchauffe, mais dans le bon sens. Vous prendrez des décisions très réfléchies et non sans avoir consulté votre équipe ou des personnes en qui vous avez toute confiance. Toutefois, certains trouveront que vous êtes trop autoritaire, que vous faites preuve de dureté, mais si elle est justifiée ne vous en préoccupez pas de ces esprits chagrins.

Une troisième rétrogradation de Mercure
Elle va stationner dans le 2e décan de la Balance et ceux qui sont nés autour du 1er janvier y seront particulièrement sensibles. La station de Mercure signifie que rien n'avance et c'est logique : les énergies mercuriennes s'intériorisent et vous vous posez des questions, parfois trop, avant de vous décider à passer à l'action. Quelque part, vous savez très bien que ce n'est pas le moment et même si on vous y pousse, vous avez tout intérêt à attendre le 19, que Mercure reparte en marche directe.

> COMMENT BIEN VIVRE LA CONJONCTURE

Côté boulot : ça peut déménager !

Comme nous venons de le voir, Mars sera dans votre secteur de carrière tout le mois et, de plus elle sera en harmonie avec Jupiter pour ceux du 3ᵉ décan (à partir du 13). C'est vraiment une bonne configuration qui vous dit de prendre des décisions et de montrer de quel bois vous vous chauffez. Sans pour autant vous être trop dur ou agressif, vous saurez en imposer à vos adversaires, ceux qui voudraient vous voir échouer (la plupart du temps par jalousie, envie).

Côté cœur : alors on flirte ?

Vénus occupera votre signe d'ombre, le Sagittaire et cela vous incitera à cacher vos sentiments. Soit vous êtes en couple et vous serez un peu trop distant avec votre partenaire, ce qui peut distendre provisoirement vos liens ; mais c'est peut-être souvent le cas ! Soit vous êtes célibataire et vous soupirez après quelqu'un. Mais jamais vous ne lui montrerez quoi que ce soit, vous attendrez qu'il ou elle vienne vers vous et cela peut ne jamais se faire. Allez, un petit effort, qu'avez-vous à perdre ?

> LE TOP OU LE FLOP DU MOIS

Un top le 18, avec Jupiter qui reprend une marche directe. Cela va surtout impacter le 3ᵉ décan qui verra ses affaires financières mieux se porter à partir de cette date. D'autant plus que Jupiter sera boostée par Mars les derniers jours du mois et qu'un travail pourrait vous rapporter plus que vous le pensiez au départ.

À NOTER : la nouvelle Lune de la période Balance se tient le 8 dans le 2ᵉ décan de la Balance et sera conjointe à Mars. Soit vous pourrez accomplir une sorte d'exploit sur le plan professionnel, soit au contraire vous aurez un obstacle à gérer ou un problème d'autorité avec un collègue, un employé, ou même avec votre boss. Vous risquez de vous sentir furieux parce que vous jugerez la situation injuste. Et vous détestez l'injustice.

Novembre

SIGNE DU MOIS: SCORPION

> QUOI DE NEUF ?

Qu'est-ce que vous pouvez chiper au Scorpion
Très décrié, le Scorpion est cependant un signe d'une incroyable richesse, qu'il faut piller un peu parce que c'est un signe d'Eau, intuitif et d'une formidable perspicacité, et rien que ça, ça peut vous être très utile. Signe de Terre, le Capricorne manque d'Eau, et c'est la raison pour laquelle vous mettez vos émotions de côté. Mais en cette période Scorpion, elles ne pourront pas être rejetées, au contraire il faudra que vous les accueilliez !

Très forte remontée de Mars, active pour vos projets
Mars occupera elle aussi le Scorpion, les deux premiers décans principalement, le 2e à partir du 14. C'est une excellente position en ce qui vous concerne, d'abord parce que Mars est très puissante en Scorpion et aussi parce qu'elle occupe un secteur de projets et d'espoirs (qui gère, parallèlement, vos amitiés). Mars étant de la dynamite et vous donnant toujours une forte détermination, vous ne laisserez personne vous empêcher de réaliser ce que vous avez en tête.

Vénus s'installe chez vous, veinards !
Cela fait très longtemps qu'il n'y a pas eu de boucle de Vénus dans votre signe et c'est donc un plus pour vos amours et vos plaisirs ; mais il faut que la planète ne soit pas trop mal aspectée dans votre thème natal, sinon ça ne sera pas aussi bien. Ce mois-ci, elle parcourt les deux premiers décans, en phase avec Mars, et le fait qu'elle ralentisse vous expose plus longuement à ses influx, probablement amoureux. Vous pourriez voir vos sentiments pour quelqu'un se développer, ou c'est quelqu'un qui vous fera comprendre que vous lui plaisez et

quelque chose sera possible. Déjà en couple ? L'amour se réveillera, le désir se rallumera et ce mois sera très chaud sous la couette !

> COMMENT BIEN VIVRE LA CONJONCTURE

Côté boulot : espoirs, projets, il faut concrétiser

Mars et le Soleil, les deux planètes de Feu occupent votre secteur des projets et y dispensent donc une forte énergie que vous feriez bien d'utiliser, précisément dans ce domaine des projets et espoirs. Il est vrai qu'avec l'espoir il y a une notion d'attente mais c'est pour mieux avancer par la suite. Mars en Scorpion est plus dans la stratégie que dans l'action ; s'il y a action, elle est souterraine et on peut penser que vous allez faire jouer des relations ou un autre levier pour faire avancer ces projets.

Côté cœur : ça s'annonce bien

Nous avons vu que Vénus traverserait les deux premiers décans et c'est le mois prochain qu'elle stationnera dans votre 3e décan. Ayant ralenti sa course, elle a plus de poids et son harmonie avec Mars en rajoute encore ; il n'y a pas de doute, vous pourriez tomber amoureux, et cela même si pour l'instant la relation ne s'installe pas. La boucle de Vénus sera longue et vous avez tout le temps devant vous pour « conclure ». Et ce temps est nécessaire pour que la confiance s'installe. En couple, c'est un vrai renouveau qui se profile.

> LE TOP OU LE FLOP DU MOIS

Un top pour ceux qui reçoivent les bons influx d'Uranus. En gros le 2e décan et en détail, surtout les natifs de début janvier. Uranus entame une station en regard de votre Soleil (ou décan, comme vous préférez) et même si elle est rétrograde, elle sera activée par l'opposition du Soleil autour du 4 novembre. Là, vous pourrez vous poser et réfléchir tranquillement aux options qui sont les vôtres pour que l'un de vos projets, ou une prise de liberté, avance plus rapidement.

À NOTER : la nouvelle Lune du Scorpion se fait le 4, dans le 2e décan du signe en relation donc avec votre 2e décan et surtout en opposition avec Uranus. Cela devrait être très prometteur pour vos projets (toujours eux) et si vous n'avez pas d'idée, si vous êtes un peu coincé, quelqu'un va vous aider à faire ce qu'il faut pour trouver des idées. Une avancée se profile en tout cas.

Décembre

SIGNE DU MOIS: SAGITTAIRE

> QUOI DE NEUF ?

Votre voisin, Sagittaire, si différent de vous

Le Soleil et Mercure l'occupent en début de mois et mettent l'accent sur ce signe, le 12e de votre zodiaque. Il se trouve dans l'ombre du vôtre, ce qui explique que vous ayez parfois l'air renfermé ou ailleurs. Mais vous êtes aussi très réaliste avec une tendance au pessimisme. Cependant, le Sagittaire a des côtés positifs dont vous savez vous inspirer : il a soif de connaissances et vous êtes souvent des rats de bibliothèque, de même qu'il a un goût prononcé pour la justice qu'on retrouve chez vous, et parfois très développé.

Jupiter retourne en Poissons

Le Sagittaire, c'est le domicile de Jupiter, cette planète a donc plus d'importance ce mois-ci. Elle termine sa traversée du Verseau, en espérant qu'elle vous a un peu enrichi, et retourne en Poissons où elle avait fait une incursion en mai. Seul le 1er décan profitera de ses bienfaits, qui s'appliqueront surtout dans le registre des apprentissages, des formations, ou du développement de votre activité. Vous pourrez vous diversifier, en faire davantage et… gagner davantage bien sûr.

Vénus stationne dans votre 3e décan, mais…

C'est inédit, cela n'est pas arrivé depuis longtemps (fin 2005, début 2006) Vénus va passer tout ce mois de décembre dans votre 3e décan et, encore plus inédit, elle sera en conjonction avec Pluton, une planète très tournée vers le sexe. Ferez-vous une rencontre décoiffante dans ce domaine ? Ce n'est pas impossible et vous vous sentirez alors comme transformé, vous ne serez plus le ou la même. Vous pouvez aussi dégager un très fort charisme, dû à une image de vous très valorisée. Mais Pluton est souvent tourmentée et il n'est pas impossible que vous soyez mal dans votre peau, ou mal parce qu'un proche que vous aimez menace de partir.

> COMMENT BIEN VIVRE LA CONJONCTURE

Côté boulot : trop perfectionniste ?

Mars est une planète importante dans votre zodiaque. D'abord elle est exaltée chez vous, ensuite elle gère un « angle » de votre thème, celui qui représente les bases de votre vie : le Bélier. Mais elle appartient aussi du Scorpion, un signe malin et très perfectionniste, ce qui peut vous inciter à être plus exigeant ce mois-ci avec vos collaborateurs ou employés. Les enjeux financiers étant peut-être importants, surtout 2e décan (vous avez décidé de vous moderniser ?), vous aurez tendance à tout surveiller de manière à bien rester dans les rails. Mais ne vous épuisez pas pour autant !

Côté cœur : tourmenté, jaloux, ou fou d'amour ?

Je vous l'ai dit, la situation est inédite et il y a plusieurs interprétations possibles pour cette configuration, qui semble quand même assez forte, en tout cas pour ceux qui sont nés autour des 15, 16 janvier. Vous pourriez vous sentir vampirisé par l'amour qu'on vous porte, une passion jalouse et possessive qui peut vous faire peur... Mais vous pouvez aussi être tombé sur quelqu'un qui est un révélateur pour vous, à la fois de vos sentiments mais aussi de votre libido et des fantasmes que vous pouvez libérer. Vénus rétrogradera après le 19 et le moment sera venu de vous reprendre et de réfléchir, de vous projeter dans l'avenir : cette relation a-t-elle un avenir ou non ?

> LE TOP OU LE FLOP DU MOIS

Un léger flop, un peu de barouf en début de mois à cause de la dissonance entre Mars et Jupiter, exacte le 8 décembre mais active quelques jours avant. Vous n'en aurez peut-être que de vagues échos, mais il n'est pas impossible qu'il s'agisse, pour certains, d'une difficulté financière à affronter. Pas une grosse, puisque le problème sera vite réglé étant donné que Mars est rapide.

À NOTER : la nouvelle Lune du Sagittaire se tient le 4 dans le 2e décan du signe, et se trouve conjointe à Mercure. Né autour des 2, 3 janvier, vous aurez certainement une réflexion à mener et ça ne sera pas simple parce que vous ne maîtriserez pas tout ; il vous manquera probablement des informations, des éléments pour prendre une décision ou entamer quelque chose. Vous pourrez le faire lors de votre propre nouvelle Lune le 2 janvier prochain.

PARTIE II

Votre SIGNE astrologique

Vous,
LE CAPRICORNE

Vous êtes un signe de Terre, intègre et rigoureux, cardinal (de changement de saison). Le Soleil traverse votre signe du 21 décembre au 20 janvier (selon les années). En apparence, vous êtes une personne froide, distante, dont on dit qu'elle a trop d'ambition et pas assez de considération pour les autres. En fait, ce sont des défenses puissantes que vous avez mises en place contre votre sensibilité — que vous prenez pour une faiblesse — et vous savez parfaitement vous montrer tendre, généreux et plein d'humour quand il le faut. Sérieux, responsable et gros travailleur, vous êtes quelqu'un sur qui l'on peut compter et vous aimez protéger ceux dont vous avez la charge. Vous ne parlez que pour dire l'essentiel et préférez la qualité à la quantité. Capable de tous les dépouillements, vous aimez pourtant l'argent et le pouvoir qu'il représente.

On vous reproche bien sûr votre froideur, votre manière de tout prendre au sérieux sans établir d'échelle de valeurs. Vous avez également très peur de perdre ou d'être rejeté, et vous aimez mieux prévenir que guérir. Pessimiste et fataliste, vous n'avez pas toujours confiance en la vie. Vous pensez que seuls les efforts sont récompensés. Par ailleurs, votre souci des conventions peut être agaçant.

Votre santé est extrêmement solide, mais vous vous en occupez rarement. Vous allez jusqu'à ignorer vos besoins élémentaires (il existe beaucoup de cas d'anorexie chez le Capricorne), surtout quand vous êtes concentré sur quelque chose. Les os, les dents et la peau sont régis par votre signe.

Vous devez examiner soigneusement la position et les aspects de Saturne dans votre thème.

> À L'ORIGINE

Quand on s'intéresse à l'astrologie, on ne peut ignorer qu'elle fonctionne par analogies et qu'elle doit beaucoup à la mythologie. D'après Joëlle de Gravelaine, parmi les mythes du Capricorne il faut principalement compter avec la chèvre Amalthée et le dieu Pan. (Joëlle de Gravelaine, *Dieux et héros du zodiaque*, Robert Laffont, 1996.) La première, chèvre ou nymphe, aurait nourri Zeus dans sa petite enfance et l'aurait également protégé contre les menaces de son père, Cronos. Zeus aurait même revêtu la peau de la chèvre pour monter au ciel... Ce qui nous rappelle combien le Capricorne a la peau sensible, à quel point elle est un reflet de ses tourments intérieurs. Quant à Pan, sa mère, horrifiée par sa laideur à la naissance, le rejette. De cette dimension du mythe, nous déduisons des caractéristiques communes à tous les Capricorne : le sentiment d'être mal-aimé, abandonné et frustré. Pan sera conduit par Hermès sur l'Olympe pour divertir les dieux, car s'il est disgracieux il n'en possède pas moins un caractère gai et un beau tempérament. N'oublions jamais que le Capricorne a le sens de l'humour et de la dérision, même s'il l'exerce souvent à ses propres dépens.

> VOTRE PROFIL PSYCHOLOGIQUE

Chaque signe a sa façon bien à lui d'exister et possède ses propres qualités. Si vous êtes Capricorne, c'est parce que, au moment où vous avez vu le jour, le Soleil traversait le Capricorne. Ce qui ne signifie pas que votre personnalité dans son ensemble en soit marquée. Les autres planètes occupent d'autres signes, qui vous apportent d'autres qualités ou compétences, lesquelles vont servir votre nature Capricorne. Le Soleil est ce vers quoi nous tendons, ce que nous nous proposons de réaliser, notre idéal. En Capricorne, il représente ce que les psychologues appellent le Surmoi, c'est-à-dire l'ensemble des valeurs héritées de l'éducation et qui se retrouvent quand on se dit à soi-même : « Je dois, il faut, il ne faut pas, etc. » Il est avéré que le Surmoi est l'héritier du complexe d'Œdipe, l'un des reliquats de cette tragédie de l'enfance qui veut que l'on désire séduire le parent du sexe opposé, mais que l'on finisse par y renoncer : l'interdit de l'inceste intégré, l'enfant acquiert à la fois la notion de profondeur et celle des limites. (Philippe Granger, *Astrologie psychanalytique, Séminaire 1*, Éd. du Rocher, 1996.) Le Capricorne se construit sur ce constat déprimant qu'on ne peut pas obtenir celui ou celle qu'on désire profondément, qu'il faut faire avec et que le mieux est de respecter cette forme de contrat social qui limite le désir, mais ouvre les portes du grand monde. En conséquence, soucieux des conventions et déterminé à modeler ce grand monde à son désir, le Capricorne développe une forte ambition : réussir est essentiel à ses yeux, et tout échec est insupportable. De plus, insatisfait au départ, il sera souvent déçu et surtout pessimiste, puisqu'il connaît l'issue de toute chose. Mais cette insatisfaction sera indubitablement un moteur pour ceux qui sauront faire l'effort de la dépasser un peu. Cette « sagesse », ce savoir, sont visibles très tôt dans la vie de l'enfant Capricorne, qui vous regarde d'un air grave et se plonge dans d'intenses réflexions devant ses jouets... C'est peut-être la raison pour laquelle ses parents lui font confiance et l'investissent souvent de responsabilités trop lourdes pour lui, ou d'un rôle qui n'est pas le sien et qui lui vole son enfance. D'après Philippe Granger, le travail de tout Capricorne sera de se détacher du Surmoi collectif, c'est-à-dire des conventions qui lui servent de tuteur en quelque sorte, pour aller vers le Surmoi intérieur, et donc vers la connaissance de ses propres valeurs. Car « c'est dans la mesure où l'on se retourne vers l'intérieur que l'on peut changer l'extérieur, et non pas le contraire. » (Ibid.)

> VOTRE VIE PROFESSIONNELLE

C'est vraiment un domaine pour lequel vous êtes doué et vous vous y investissez à fond ! Il faut dire que vous avez de l'ambition et que grimper l'échelle sociale fait souvent partie de vos projets. Mais il faut ne pas vous précipiter et faire du temps votre allié. D'ailleurs, vous le savez, vous qui êtes géré par Saturne-Cronos ! Déterminé, persévérant et doté d'un grand pouvoir de concentration, vous aimez tellement les études qu'il vous arrive de passer à côté de votre adolescence ! Mais celle-ci se manifestera plus tard, à contretemps. Doué pour les chiffres, amoureux de l'histoire et de votre terre natale, féru de politique, vous vous fixez généralement un but et y consacrez les deux tiers de votre temps et de votre énergie. Vous êtes nombreux à parvenir assez haut dans la hiérarchie, ce qui forcément vous isole des autres. Mais la solitude est une vieille compagne que vous fréquentez depuis l'enfance et elle ne vous fait pas peur. Vous ne craignez pas non plus les rivalités et les jalousies, bien que les combattre vous semble du temps perdu. Gagner de l'argent fait aussi partie de vos motivations et vous savez l'économiser, étant donné que vous avez l'esprit conservateur et que votre besoin de sécurité matérielle est intense. Lorsque vous êtes intéressé par une dépense qui n'est pas essentielle, vous finissez par trouver mille raisons de ne pas acheter ce qui vous tente. On ne peut pas dire, au fond, que vous vous fassiez souvent plaisir ! Toutefois, de bons résultats dans le travail valent pour vous tout l'or du monde.

> VOS DOMAINES DE PRÉDILECTION

Celui des chiffres, dans un premier temps, car vous aimez jongler avec eux : comptable, banquier, gestionnaire, inspecteur des impôts ou expert-comptable. La science fait également partie des domaines qui vous intéressent, vous appréciez la rigueur de ses raisonnements et de ses expériences : vous serez attiré par les métiers de chercheur, biologiste, pharmacien. Mais vous êtes un signe de Terre et l'on vous retrouve souvent dans des activités qui y sont liées : agriculteur, jardinier, maçon, architecte, archéologue. Enfin, tout ce qui touche à l'histoire vous intéresse : on vous rencontrera dans des bibliothèques, aux archives, dans des musées...

> VOTRE PROFIL AMOUREUX

Voici un domaine délicat pour le timide que vous êtes ! Vous avez du mal à exprimer vos sentiments, à aller vers l'autre, et ce mélange d'orgueil et de timidité risque de vous isoler, de vous empêcher de construire une vraie relation avant un certain âge. Passé le cap de l'adolescence, vous conservez un abord un peu rébarbatif qui n'incite pas à vous sauter au cou.

Mais vous savez que vous n'arriverez à rien si vous restez dans votre tour d'ivoire et vous faites de louables efforts qui vous donnent cet air bourru et cette maladresse touchante... Jamais vous n'accorderez votre cœur avant d'avoir longuement réfléchi et d'être sûr de ne pas vous faire « jeter » par l'autre. La peur de l'abandon, constitutive de votre personnalité, joue à fond dans ce domaine de votre vie et gâche souvent vos moments de bonheur. De plus, vous êtes beaucoup plus émotif et sensible qu'on ne le pense, et c'est contre cette « fragilité » que vous construisez des remparts. Si quelqu'un fait l'effort d'aller au-delà de ces apparences, il ou elle découvre alors en vous des trésors de tendresse ! Lorsque vous avez enfin trouvé celui ou celle qui vous correspond, vous vous « offrez » tout entier à l'objet de votre flamme, construisez du solide et faites preuve d'une indéfectible fidélité ! Même si, ayant idéalisé votre partenaire, vous vous apercevez après quelque temps qu'il n'est pas celui ou celle que vous imaginiez. Votre sens du devoir vous pousse alors à « rester » et à honorer ainsi votre engagement. Si en revanche vous êtes heureux, votre conjoint arrivera progressivement à vous apprivoiser et à faire s'exprimer une sensualité qui peut se révéler brûlante et exigeante. Mais il faut vraiment que vous soyez totalement en confiance. Et si cela vous arrive, vous pardonnez rarement l'humiliation d'une tromperie.

> VOTRE VITALITÉ

Robuste, solide, vous êtes de la race des centenaires ! Votre gouverneur, Saturne, vous donne en effet une constitution d'une grande résistance, ce qui ne vous empêche pas de souffrir de petits maux parfois handicapants, comme les rhumatismes ou l'arthrose. Par ailleurs, vous tombez fréquemment et il n'est pas rare que vous vous cassiez un ou plusieurs membres au cours de votre vie. Ce n'est certes pas par goût du risque (vous êtes économe de vous-même), mais parce que vous avez les genoux – et les articulations en général – plutôt fragiles. Vous êtes également sujet aux foulures et aux tendinites, surtout si vous pratiquez un sport d'endurance. Votre dentition est aussi à surveiller. Mais la zone la plus sensible, on l'a vu, reste la peau, et vos émotions refoulées s'y inscrivent immanquablement ! Eczéma, allergies, herpès, urticaire, etc., sont fréquents chez vous et s'imposent selon vos humeurs. Vous devez donc faire particulièrement attention à votre peau. De plus, elle est souvent sèche et, si vous êtes une femme, il vous est conseillé de la nourrir dès l'adolescence, sinon elle se marque rapidement. Par sympathie avec le Cancer, votre opposé zodiacal, vous avez le système digestif fragile et les intestins délicats. Les dégoûts alimentaires datant de l'enfance sont fréquents et il n'est pas rare que vous éliminiez un ou plusieurs aliments de vos menus quotidiens ! Il vous arrive même d'avoir des périodes d'anorexie.

> VOS PRÉFÉRENCES ALIMENTAIRES

Votre devise : manger de tout, un peu ! On ne peut pas dire que vous soyez, comme votre voisin le Sagittaire, un bon vivant doté d'un appétit inépuisable ! D'ailleurs, vous ne vous souciez pas vraiment de votre peu d'appétit et sautez souvent le déjeuner pour ne pas trop prendre sur votre temps de travail ! Si vous ne mangez pas beaucoup, en revanche, vous êtes très exigeant sur la qualité de votre nourriture et, même si vous n'êtes pas très à l'aise financièrement, vous faites attention à ce que vous achetez. Vous appréciez les produits sains et nombre d'entre vous deviennent végétariens à un moment de leur vie.
À table, vous êtes de ceux qui ne remplissent pas leur assiette et qui picorent ! Vous donnez même l'impression de ne pas apprécier ce que vous êtes en train de manger ! Il vous est conseillé de privilégier tous les aliments contenant du calcium, de manière à consolider votre ossature.

> ANALOGIES DU CAPRICORNE

• **Zones du corps :** les genoux, les os et la peau.
• **Planète maîtresse :** Saturne, dieu du temps. (Gisèle Borie et Géraldine Jouin, L'Astrologie : l'interprétation des signes par les mythes, Éd. du Rocher, coll. « L'homme et l'univers », 1990.) Il immortalise mais, jaloux et solitaire, il sacrifie ses enfants et incline le Capricorne à contrôler ses désirs, ses émotions, ses élans spontanés. Orgueil et préjugés sont aussi son apanage et sont excessifs dans votre signe.
• **Planète exaltée :** mars. Symbole de l'effort, il évoque le dieu romain mars, divinité agraire. Il représente toute la vigueur énergétique de la nature à chaque renaissance, celle-ci prenant sa source en Capricorne, signe où les jours commencent à rallonger et qui annonce le prochain printemps.
• **Planète en exil :** la lune. Elle n'est pas à l'aise dans ce signe froid, qui impose de la distance à ses émotions, alors qu'elle représente précisément le monde intérieur et tout ce qui le remue. C'est la raison pour laquelle vous pouvez paraître aussi peu émotif. Ce qui ne veut pas dire que vous ne ressentez rien, loin de là...

- **Planète en chute** : Jupiter. La planète de l'abondance, de l'essor, n'a que peu de familiarités avec le Capricorne, souvent dans l'austérité et la rigidité. C'est également un facteur de chance, or vous pensez souvent ne pas en avoir et ne devoir votre réussite qu'à vos efforts. Ce qui est souvent vrai.
- **Plantes** : le saule, le pin, l'orme, le peuplier, la centaurée, la pensée.
- **Couleurs** : les couleurs du soleil, jaune orangé, safran...
- **Pays et villes** : Inde, Mexique, Afghanistan, Oxford, Delhi, Gand, Bruxelles.
- **Animaux** : les chèvres et autres animaux aux sabots fendus.

> CAPRICORNE CÉLÈBRES

Paul Amar, Richard Anthony, Thierry Ardisson, Drew Barrymore, Simone de Beauvoir, Benjamin Biolay, Richard Bohringer, Jeanne Bourin, Dany Brillant, Carla Bruni-Sarkozy, Cabu, Nicolas Cage, Nicolas Canteloup, Juan Carlos (roi d'Espagne), Jim Carrey, Paul Cézanne, Kevin Costner, Étienne Daho, Dalida, Patrick Dempsey, Gérard Depardieu, Marlène Dietrich, Philippe Douste-Blazy, Lara Fabian, Marianne Faithfull, Federico Fellini, Guy Forget, Laurent Gerra, Mel Gibson, Françoise Hardy, Robert Hossein, Serge July, Diane Keaton, Jean-Luc Lahaye, Jude Law, Jacqueline Maillan, Noël Mamère, Ricky Martin, Olivier Martinez, Henri Matisse, Michèle Mercier, Henry Miller, Sienna Miller, Molière, Gilbert Montagné, Jim Morrison, Pascal Obispo, Aristote Onassis, Géraldine Pailhas, Vanessa Paradis, Roland Petit, Michel Piccoli, Mary Pierce, Elvis Presley, Régine, Carole Rousseau, Olivia Ruiz, Dany Saval, Michael Schumacher, Smaïn, Rod Stewart, Frédéric Taddei, Danièle Thompson, Lilian Thuram, Christy Turlington, Denzel Washington.

Votre ascendant

L'ascendant, ou Maison I, est calculé d'après votre heure de naissance et représente le point qui se lève à l'horizon au moment où vous voyez le jour. C'est-à-dire que si vous naissez à l'heure où le Soleil se lève, votre signe et votre ascendant sont les mêmes. Ensuite, l'ascendant se décale d'un signe toutes les deux heures sur la roue du zodiaque, dans le sens inverse des aiguilles d'une montre.

 Au contraire du Soleil, qui vous renseigne sur l'aspect dominant de votre personnalité, sur l'image idéale que vous voulez montrer de vous-même, l'ascendant représente vos comportements relationnels, la façon dont votre Moi s'est construit et dont vous utilisez votre potentiel.

Pour calculer votre ascendant, reportez-vous à l'annexe située à la fin de ce livre.

ASCENDANT BÉLIER

Votre personnalité très énergique vous pousse à agir avec beaucoup d'instinct et d'intuition, alors que votre Soleil Capricorne vous invite à réfléchir davantage et freine vos élans. Toutefois, vous écoutez souvent la voix de la raison, ce qui n'est pas un mal quand on connaît l'impulsivité du Bélier ! Vous mettez votre volonté et votre détermination au service de vos ambitions, qui sont toujours importantes et servies par une formidable puissance de travail : rien ne vous rebute et vous êtes prêt à tous les sacrifices pour atteindre vos objectifs. Vous ne manquez certainement pas de générosité ni de gentillesse, mais vous avez des choses à prouver, et si l'on vous fait obstacle, vous foncez ! Par ailleurs, la susceptibilité est à son maximum dans une telle configuration, et vous réagissez avec agressivité lorsqu'on vous chatouille un peu trop ! Plus que les autres Capricorne, vous parvenez à extérioriser vos émotions et appréciez qu'on y porte attention, quitte à houspiller un peu vos proches ! Le besoin de conquérir se mêle à des comportements d'attente (liés à votre orgueil) qui vous permettent de réfléchir et de poser vos actions. Le besoin d'agir parfois irrépressible du Bélier est donc bien tempéré par le Capricorne, et le mélange de ces deux signes peut être d'une redoutable efficacité. De plus, vous ne lâchez pas prise facilement ; quand vous avez décidé quelque chose, seules des démonstrations irréfutables peuvent vous faire changer d'avis. Et encore.

• **Vos atouts :** mis au pied du mur, vous vous adaptez aux situations les plus épineuses et vous êtes un organisateur de talent. Vous êtes plus optimiste que le Capricorne classique et savez motiver vos partenaires, leur insuffler votre énergie. Vous avez l'esprit de clan et défendez les vôtres bec et ongles si on les attaque.

• **Vos difficultés :** quand vous êtes fâché, vos colères n'explosent pas franchement, mais vos paroles se font parfois très cassantes. De plus, vous pouvez être extrêmement rancunier. Cela peut durer des années !

• **Vos fragilités :** la tête (vous avez souvent des migraines), le surmenage (vous voulez trop en faire) et les problèmes de vue. Vos dents peuvent également vous causer quelques soucis.

Mars est votre maître d'ascendant, étudiez ses mouvements avec attention.

> VOTRE ÂME SŒUR

Selon votre signe et votre ascendant-descendant. Le descendant est le secteur opposé à l'ascendant et représente le monde des autres, les rencontres, les unions et associations...

Vous avez un caractère entier et exigeant, qui vous pousse à chercher un idéal parfois inaccessible. De plus, vous établissez facilement des rapports de force avec vos partenaires, alors que vous avez au fond de vous besoin de douceur et de tendresse. Mais vous êtes souvent trop orgueilleux pour le reconnaître et pour demander quoi que ce soit à ceux qui vous entourent. Votre descendant se trouvant en Balance, signe opposé et complémentaire du Bélier, vos partenaires doivent être aimants, attentionnés et partager toutes vos passions, même les plus extrêmes. Ils doivent aussi posséder une force de caractère non exprimée, de manière que vous puissiez les respecter. Ils seront donc Balance, ascendant Balance, auront la Lune ou Vénus dans ce signe d'équilibre avec lequel vous pourrez construire du solide et qui saura révéler vos aspects les plus affectifs. Vous vous entendrez bien également avec les dynamiques Sagittaire ou ascendant Sagittaire, mais ce n'est pas avec eux que vous exprimerez le mieux votre tendresse. Avec les Lion ou ascendant Lion, il y aura du respect et de l'admiration, et les Gémeaux ou ascendant Gémeaux vous amuseront. Les Verseau ou ascendant Verseau pourraient être un vrai défi pour vous !

ASCENDANT TAUREAU

Séduisant, charmeur, sensuel... les qualificatifs sont nombreux pour décrire le Taureau, qui a un goût particulier pour la vie et les bonnes choses. Heureusement, car votre nature Capricorne va quand même dans le sens contraire ! On peut donc dès à présent dire que ce mélange de signes est très positif pour votre équilibre personnel et relationnel ! Votre motivation de base (Taureau) est de posséder, garder, conserver. Ce qui ne contredit pas le conservatisme du Capricorne. Sécurité et sérénité sont vos mots-clés : vous ne vous épanouissez que dans la certitude que rien ne va vous manquer, et que ce que vous avez construit, que ce soit sur le plan professionnel ou affectif, ne sera jamais détruit en aucune manière. Vos habitudes et votre confort personnel ont de l'importance dans votre vie quotidienne, dans la mesure où ils sont synonymes de cette sécurité qui a tant d'importance à vos yeux.

Il arrive au Taureau d'être gourmand, dans tous les sens du terme, et de prendre inéluctablement des kilos indésirables. Vous avez cependant des armes efficaces en tant que Capricorne : la diète, par exemple, ne vous fait pas peur, et sans en arriver là, vous êtes capable de suffisamment de discipline pour contrôler votre alimentation. Toutefois, si le Taureau domine, le Saturne du Capricorne peut devenir très avide et accentuer votre gourmandise ! Attention tout de même à ne pas jouer au yo-yo avec votre poids.

Par ailleurs, vous aimez votre confort et l'argent qui vous permet de l'obtenir. N'en ayez surtout pas honte, et bravo pour votre sens de l'économie qui vous permet rapidement, dans votre existence, de devenir propriétaire de votre maison ou de votre appartement.

• **Vos atouts :** la créativité du Taureau, son sens du beau et du bon sont mis en forme et concrétisés par la rigueur du Capricorne. Vous manifestez également des trésors de patience et d'attention envers ceux que vous aimez.

• **Vos difficultés :** un rythme lent, calqué sur celui de la digestion, un entêtement et une obstination qui peuvent agacer, et une totale mauvaise foi. Par ailleurs, chez vous, la rancune est tenace et peut vous empoisonner la vie (la jalousie également) !
• **Vos fragilités :** la gorge, les organes sexuels, la glande thyroïde.
Vénus est votre maître d'ascendant, étudiez ses mouvements avec attention.

> VOTRE ÂME SŒUR

Selon votre signe et votre ascendant-descendant. Le descendant est le secteur opposé à l'ascendant et représente le monde des autres, les rencontres, les unions et associations...

Calme et tranquille, vous avancez à votre rythme et n'appréciez pas que votre conjoint vous secoue ou vous impose sa manière de vivre. Vos proches doivent tenir compte de votre besoin de confort et de sécurité et veiller à ne pas stimuler votre jalousie. Votre descendant étant en Scorpion, signe opposé et complémentaire du Taureau, vos partenaires doivent être passionnés, exclusifs, et n'avoir que vous en tête. La fidélité et la communauté d'intérêts matériels seront souvent à la base de votre relation et représenteront même un lien très solide. Les personnes qui sont Scorpion, ascendant Scorpion ou qui ont la Lune ou Vénus dans ce signe vous attireront particulièrement, parce qu'elles auront la même sensualité et les mêmes exigences que vous. Mais vous vous entendrez également avec ceux ou celles qui sont comme vous Capricorne ou ascendant Capricorne. Les Cancer ou ascendant Cancer compteront aussi parmi vos favoris, car ils sauront vous attendrir et vous donneront envie de les protéger. La sensibilité, l'émotivité des Poissons ou ascendant Poissons vous toucheront de plein fouet et vous obligeront à vous ouvrir, à vous laisser d'avantage aller. Enfin, vous construirez du solide avec les Vierge ou ascendant Vierge.

ASCENDANT GÉMEAUX

Le Gémeaux est rapide, mobile, toujours en mouvement et les sens en éveil. Il s'adapte à toutes les situations, adore la diversité et se montre parfois velléitaire. Ce qui n'est pas le cas du Capricorne qui, on le sait, cherche avant tout à s'établir dans la sécurité et à aller au bout de ses entreprises. Quitte à prendre racine ! La curiosité propre au Gémeaux est cependant un atout dans votre quotidien, car elle vous pousse à vous intéresser de très près à la vie de vos proches et à essayer de mieux les comprendre. Il y a également beaucoup d'humour et une certaine fantaisie dans cette signature astrale... Vous avez généralement une véritable soif d'informations que nombre d'entre vous utilisent dans leur vie professionnelle : le journalisme, par exemple, sera un domaine qui vous attirera, de même que la publicité ou tout ce qui touche au domaine littéraire. Mais jamais, comme le pur Gémeaux, vous ne vous contenterez d'effleurer les choses.

Dans vos relations avec autrui, votre distance vous permet d'exercer votre sens critique et votre humour. Celui-ci est votre meilleur allié dans toute situation difficile, car le Capricorne, vous le savez, a tendance à tout prendre très au sérieux ! Cet humour, fondé sur un sens de l'observation aigu, sur la dérision et un don d'imitation, vous l'exercez autant à votre encontre que vis-à-vis des autres.

Par ailleurs, votre ascendant est joueur et vous incite à ne jamais montrer la même facette de votre personnalité. Vous arrivez très bien à dissimuler qui vous êtes vraiment, ce qui convient au Capricorne, qui n'aime pas se dévoiler. Mais on peut dire que votre Moi manque d'unité et que, parfois, vous avez plus tendance à imiter les autres qu'à vous affirmer en tant que personne sûre de son identité et de ses choix.

• **Vos atouts** : vous comprenez rapidement et apprenez très vite. Doué pour pas mal de choses, vous êtes capable d'exercer plusieurs activités en même temps, tout en leur consacrant la même énergie.

• **Vos difficultés :** vous pensez trop ! Tout se passe comme s'il était plus important pour vous de réfléchir que d'agir ! Vous avez également tendance à exagérer vos inquiétudes ; vos impressions et vos réactions sont souvent de type adolescent. Même quand vous avez pris de l'âge, ce qui peut surprendre !

• **Vos fragilités :** le système respiratoire, les bronches, les poumons, ainsi que les mains.

Mercure est votre maître d'ascendant, étudiez ses mouvements avec attention.

> VOTRE ÂME SŒUR

Selon votre signe et votre ascendant-descendant. Le descendant est le secteur opposé à l'ascendant et représente le monde des autres, les rencontres, les unions et associations...

Vous semblez être à l'aise avec les autres, mais ce sont souvent des apparences qui peuvent cacher un manque de confiance en vous et en votre séduction. Toutefois, vous n'avez pas besoin de faire de gros efforts pour plaire, vous dégagez une sorte de magnétisme qui agit à votre place. Votre descendant étant en Sagittaire, signe opposé et complémentaire du Gémeaux, vous avez besoin de partenaires qui ont de l'importance aux yeux des autres, qui vous permettent de changer fréquemment d'univers et d'avoir une vie sociale animée. Ils doivent vous faire « voyager », autant dans la réalité que dans votre tête, et respecter certains principes. Les Sagittaire, les ascendant Sagittaire ou toute personne ayant la Lune ou Vénus dans ce signe seront donc votre premier choix, ils correspondent à ce portrait-robot. Mais vous vous entendrez également très bien avec les Bélier ou ascendant Bélier, même si vous les trouvez trop rapides et entreprenants... De plus, s'il y a de la passion entre vous, les rapports de force sont fréquents. Les Lion ou ascendant Lion susciteront votre admiration et vous saurez vous adapter à leur nature sentimentale. Les Balance ou ascendant Balance, ainsi que les Verseau ou ascendant Verseau, signes d'Air comme le Gémeaux, sauront aussi vous plaire et vous entretiendrez des relations complices.

ASCENDANT CANCER

Le Cancer donne une apparence de fragilité et d'immaturité qui touche les autres et suscite l'envie de le prendre en charge, de se comporter en parent protecteur. Mais avec le Capricorne, l'inverse est également possible : vous-même êtes souvent très protecteur et vous sentez responsable de toute votre famille ! Votre « clan » est en effet l'axe principal autour duquel vous vous développez et vous avez du mal à « couper le cordon ». En toute circonstance, même dans votre vie professionnelle, vous avez besoin de (re)créer une famille autour de vous, de manière à retrouver l'ambiance dans laquelle vous avez toujours évolué et qui vous sécurise. Même si elle n'est pas épanouissante ! Sujet à des humeurs en dents de scie, vous êtes insatisfait, inquiet pour votre sécurité et avez sans cesse besoin de faire quelque chose pour vous rassurer. L'homme ou la femme de votre vie peut jouer ce rôle et vous offrir le refuge que vous recherchez. Les études ou tout investissement intellectuel peuvent aussi être investis à ce titre. Dans tous les cas, vous devez veiller à ne pas trop envahir l'objet de votre flamme, ou le rendre seul responsable de votre bien-être et de votre bonheur. C'est une lourde charge pour certains, aussi ne vous étonnez pas si vos relations amoureuses manquent de stabilité. En tout cas dans la première partie de votre vie ; quand vous devenez autonome, vos relations se font plus solides...

• **Vos atouts :** vous êtes accrocheur, volontaire et capable de réussir dans vos entreprises, même les plus difficiles. Vous donnez volontiers l'impression que vous vous intéressez à l'autre, que vous savez l'écouter, et vous êtes très gentil quand vous le voulez bien. Vous avez de l'intuition, et la sensibilité du Cancer est canalisée par votre nature Capricorne, qui est, dans cette combinaison, plus émotive que de coutume.

- **Vos difficultés :** en dehors de vos sautes d'humeur pas toujours faciles à vivre et d'un aspect renfermé, vous êtes souvent trop susceptible.
- **Vos fragilités :** principalement le système digestif et toute maladie psychosomatique liée à un excès d'émotivité.

La Lune est votre maître d'ascendant, étudiez-la avec attention.

> VOTRE ÂME SŒUR

Selon votre signe et votre ascendant-descendant. Le descendant est le secteur opposé à l'ascendant et représente le monde des autres, les rencontres, les unions et associations...

Vous avez le descendant dans votre propre signe, opposé et complémentaire du Capricorne, ce qui indique que vous avez besoin de relations solides, établies sur des valeurs et des intérêts communs. Vous vous intéressez généralement à des personnes plus mûres que vous, ou ayant une expérience particulière à partager. La fidélité et la constance sont des critères de choix importants. Les membres de votre signe, ceux qui ont l'ascendant Capricorne, la Lune ou Vénus dans ce signe seront donc parmi vos favoris. Vous serez en terrain familier et ne serez pas confronté à ce qui vous fait peur : l'inconnu. Mais vous vous entendrez également très bien avec les Taureau ou ascendant Taureau, aussi fidèles et solides que vous. De plus, leur sensualité vous fera frémir. Avec les Vierge ou ascendant Vierge, vous construirez aussi une bonne relation, mais elle manquera peut-être de fantaisie ! Avec les Scorpion ou ascendant Scorpion, il pourrait y avoir de la passion, ainsi qu'avec les Poissons ou ascendant Poissons : vous formerez un joli couple, car leur sensibilité fera fondre votre carapace.

ASCENDANT LION

Le Lion a du goût, de l'allure et aime tout ce qui est beau. Les apparences le séduisent au premier abord, mais la profondeur et la lucidité du Capricorne l'invitent à aller plus loin. Honnêteté, loyauté et amour-propre dominent votre caractère : vous avez envie de réussir, d'être le premier, d'impressionner les autres. Seul le succès vous donnera la sensation de compter pour ceux qui vous entourent : on ne vous a probablement pas assez regardé ou valorisé dans votre enfance. Vous êtes également inflexible et doté d'une formidable persévérance. Perfectionniste, vous savez prendre des risques tout en ne vous mettant pas vraiment en danger, peur de l'échec oblige. Vous êtes plus sentimental que le Capricorne classique, mais vous êtes aussi facilement déçu par le comportement des autres, que ce soit en amour ou en amitié. Le besoin de créer a de l'importance dans votre existence, et vous y parvenez à travers une activité artistique (liée à l'image) ou en faisant des enfants et en vous consacrant à leur éducation ! On vous reproche parfois de ne penser qu'à votre travail, qu'à vos résultats et à vos intérêts matériels, mais c'est un discours que vous ne comprenez pas vraiment dans la mesure où vous êtes persuadé que tout le monde est comme vous ! Vous atteignez souvent le sommet de la hiérarchie, ou vous vous réalisez sous les feux de la rampe. Mais cela ne vous empêche pas de rester à distance du bruit et de la fureur !

• **Vos atouts :** vous respectez les valeurs transmises par votre éducation, parfois un peu trop d'ailleurs ! Vous avez également des modèles qui vous servent de référence et dont l'image vous porte : c'est souvent votre père ou un grand-père.

• **Vos difficultés :** on peut vous reprocher d'être trop sensible aux compliments et aux flatteries. Par ailleurs, votre envie d'imposer votre manière de faire en toute circonstance peut agacer vos proches.

• **Vos fragilités :** le cœur, le dos, la vue.

Le Soleil est votre maître d'ascendant, sa position et ses aspects sont à étudier avec attention.

> VOTRE ÂME SŒUR

Selon votre signe et votre ascendant-descendant. Le descendant est le secteur opposé à l'ascendant et représente le monde des autres, les rencontres, les unions et associations...

Quand vous aimez, vous mettez l'objet de votre flamme sur un piédestal, mais gare à lui s'il vous déçoit : vous êtes alors capable de la plus grande froideur et avez du mal à lui pardonner d'être banalement humain ! Votre descendant étant en Verseau, opposé et complémentaire du Lion, vous avez besoin de partenaires qui acceptent votre orgueil, votre autorité et... votre ego ! Ils doivent être fantaisistes, originaux et surtout vous valoriser. Ils doivent aussi faire preuve d'indépendance et ne pas vous étouffer. Les Verseau, les ascendant Verseau et toute personne ayant la Lune ou Vénus dans ce signe auront donc la priorité : ils possèdent une liberté de comportement et d'idées que vous n'avez pas. De plus, ils savent vous épater ! Les Gémeaux ou ascendant Gémeaux mériteront que vous vous intéressiez à eux de plus près, leur fantaisie et leur facilité à gérer les problèmes étant souvent quelque chose qui vous manque. Avec les Balance ou ascendant Balance, vous serez à l'aise et la communication passera facilement, mais ils seront peut-être trop dépendants à vos yeux. Les Sagittaire ou ascendant Sagittaire pourront aussi faire partie de vos choix.

ASCENDANT VIERGE

Votre potentiel intellectuel, votre sens de l'analyse et de la synthèse sont vos principaux atouts et votre mental peut même envahir tous les compartiments de votre vie. Votre personnalité est donc structurée autour de votre pensée, laquelle est tout aussi importante que les manifestations en provenance de votre corps. Il arrive d'ailleurs que vous soyez un peu hypocondriaque et que votre santé soit au centre de vos pensées, simplement parce que vous passez votre temps à écouter « parler » vos organes.

Vous êtes généralement fin stratège et très organisé : tout est rangé dans des cases et utilisé à bon escient. Manqueriez-vous de fantaisie ? Vous devez en tout cas surveiller une tendance à vous laisser bercer par les habitudes, voire par des petits rituels sécurisants... Toutefois, vous ne manquez pas d'humour ni de distance et vous vous révélez extrêmement critique à l'égard de ceux que vous aimez et qui ne rentrent pas dans le moule que vous leur avez attribué !

Vous avez du mal à vous investir dans une relation amoureuse ou même dans une entreprise quelconque, tant vous craignez de ne pas être à la hauteur de ce qu'on attend de vous. Le travail est également au centre de votre vie, ainsi que la notion de soin : même si vous n'exercez pas une profession de nature médicale, vous avez tendance à vous comporter en « médecin » avec les autres. Vous êtes rarement content de vous, ou de votre vie, mais cela vous pousse à aller toujours plus loin et à vous dépasser.

• **Vos atouts :** fidélité, honnêteté scrupuleuse et goût du travail bien fait font de vous une personne fiable. Vous êtes raisonnable et sérieux dans tout ce que vous entreprenez. Vous pesez le pour et le contre de vos actes, leur ôtant ainsi de leur spontanéité. mais vous n'avez pas votre pareil pour donner de bons conseils, apprendre et diffuser un savoir.

• **Vos difficultés :** vous êtes timide, voire inhibé, et toujours inquiet. un soucieux qui ne se détend que très rarement. Et ces tendances poussées à l'extrême peuvent aller jusqu'à la phobie ou à l'obsession !
• **Vos fragilités :** les intestins principalement, ainsi que toute maladie d'origine nerveuse.
Mercure est votre maître d'ascendant, étudiez ses mouvements avec attention.

> VOTRE ÂME SŒUR

Selon votre signe et votre ascendant-descendant. Le descendant est le secteur opposé à l'ascendant et représente le monde des autres, les rencontres, les unions et associations...

Vous avez le descendant en Poissons, signe opposé et complémentaire de la Vierge, ce qui signifie que vos relations affectives sont de nature fusionnelle. L'autre doit vous donner le maximum et le couple doit fonctionner comme une unité. En fait, vous avez besoin d'un miroir, de quelqu'un qui vous renvoie une bonne image de vous, parce qu'au fond vous manquez d'assurance. Qui mieux qu'un Poissons ou ascendant Poissons peut répondre à vos besoins ? Il suffira même que le ou la partenaire ait une planète affective, la Lune, Vénus ou Mars, dans ce signe pour que vous soyez attiré ! De plus, le très émotif Poissons vous permettra de vous ouvrir à votre monde sensible. Même chose avec un Scorpion ou ascendant Scorpion, souvent écorché vif, mais qui aura une forte emprise sur vous. Les Cancer ou ascendant Cancer sauront vous émouvoir et leur besoin de protection correspondra bien au rôle que vous aimez jouer. Les Taureau ou ascendant Taureau vous attireront sensuellement, tout en ayant les qualités de fidélité et de sincérité que vous recherchez. Vous pouvez aussi être séduit par votre propre signe ou par les ascendant Capricorne, car vous avez beaucoup de points communs.

ASCENDANT BALANCE

Vous êtes sensible aux ambiances et à l'harmonie entre les êtres. Parfois le monde extérieur vous effraie, mais vous avez tellement besoin d'amour que vous combattez votre timidité naturelle pour vous efforcer d'aller vers les autres. Vous êtes d'ailleurs capable d'une audace surprenante quand vous vous sentez soutenu et approuvé. Vous êtes certainement victime d'une contradiction, dans la mesure où la Balance est très effrayée par la solitude, alors que le Capricorne la recherche. La peur de l'échec peut cependant vous empêcher de vous lancer spontanément dans des relations amoureuses ou vous rendre très prudent, voire méfiant ! Toutefois, vous êtes bien obligé de reconnaître que vous n'atteindrez votre équilibre que lorsque vous aurez trouvé l'âme sœur ou en tout cas quelqu'un pour partager vos états d'âme. Même dans votre travail, il vous est nécessaire de faire équipe avec une ou plusieurs personnes, voire de vous associer, car vous ne voyez pas l'intérêt de réussir tout seul : vous avez besoin qu'on vous motive ou de motiver les autres. Si vous trouvez une place au sein d'une entreprise à caractère familial, vous vous épanouissez et votre carrière décolle.

Avec vos proches, vous n'aimez pas vraiment les rapports de force et déployez de bonne heure des qualités de diplomate ou d'intermédiaire. Votre sens de la justice est également très développé, et il vous arrive de vous passionner pour la défense de la veuve et de l'orphelin. Par ailleurs, vous êtes attiré par les arts : musique, danse, peinture font partie de vos loisirs et participent à votre équilibre.

• **Vos atouts :** vous savez faire taire votre agressivité pour entretenir de bonnes relations avec tout le monde. Vous êtes de bon conseil et vous investissez à fond dans votre travail, ou dans les buts que vous poursuivez. Et quand vous réussissez, vous savez être reconnaissant à ceux qui vous ont apporté leur soutien.

• **Vos difficultés :** vous êtes hésitant et même parfois fuyant quand quelqu'un vous montre ses sentiments ! Vous avez du mal à faire un choix et à prendre une décision tranchée.

• **Vos fragilités :** les reins surtout, et la vésicule biliaire.

Vénus et Saturne sont vos planètes maîtresses, étudiez-les avec attention.

> VOTRE ÂME SŒUR

Selon votre signe et votre ascendant-descendant. Le descendant est le secteur opposé à l'ascendant et représente le monde des autres, les rencontres, les unions et associations...

Votre descendant occupe le dynamique signe du Bélier : opposé et complémentaire de la Balance, il possède ce qui vous manque. Vos relations sont marquées par le besoin d'être stimulé par votre partenaire et de vous sentir accepté tel que vous êtes, que vous soyez entreprenant ou non ! Vous vous tournerez vers un Bélier, un ascendant Bélier, ou quelqu'un qui aura la Lune ou Vénus en Bélier. Vous lui laisserez avec bonheur l'initiative de la relation et des décisions concernant le couple. Mais vous constaterez rapidement qu'il établit des rapports de force et qu'il est jaloux ! Les Sagittaire ou ascendant Sagittaire vous plairont aussi beaucoup, leur audace et leur côté bon vivant vous attireront, mais leur mauvaise foi vous révoltera. Même chose avec les Lion ou ascendant Lion, qui seront de bons équipiers, mais à qui vous reprocherez leur tendance à frimer. Les Gémeaux ou ascendant Gémeaux vous amuseront, mais vous ne vous sentirez pas en sécurité avec eux, alors que les Verseau ou ascendant Verseau seront très stimulants : intelligents, distrayants, ils vous serviront de révélateur et provoqueront en vous des sentiments intenses...

ASCENDANT SCORPION

Volontiers secret, mystérieux et très intériorisé, vous êtes profondément déterminé à concrétiser vos désirs. Votre vie intérieure est intense et votre détermination n'a d'égale que votre volonté de toujours progresser. Vous avez également de l'autorité, mais ne l'exprimez pas forcément de manière directe : vous suggérez et, d'une certaine manière, poussez l'autre dans ses retranchements. Vous aimez être une sorte d'éminence grise et influencer les idées et les opinions de ceux qui croisent votre route. Vous y parvenez grâce à votre connaissance innée de ce qu'ils ont en eux, de ce qu'ils veulent cacher, et grâce aussi à un savoir-faire que beaucoup vous envient : vous êtes malin, voire rusé, et votre sens de la stratégie est l'un de vos principaux atouts ! Toutefois, vous envisagez toujours le pire et cette forme de pessimisme ne vous sert pas. Il vous arrive, quand vous aimez, de perdre tous vos moyens, de vous trouver désarmé face à l'objet de votre flamme... Alors qu'en amitié, vous déployez des trésors de délicatesse et distillez des conseils judicieux. L'amour vous pose problème, vous conduit à vous auto-analyser, et à être assez dur avec vous-même ou avec l'autre. Cet excès de lucidité produit alors du désenchantement, car beaucoup de comportements humains vous semblent malhonnêtes et faux. Votre recherche de naturel, de pureté et d'authenticité, votre refus des faux-semblants se heurtent à une réalité dont vous ne vous accommodez pas facilement. Aussi aimez-vous, le plus souvent, vous évader dans votre travail, dans l'étude ou la lecture, que vous appréciez particulièrement. Cela dit, elle peut faire partie intégrante de votre travail.

• **Vos atouts :** l'intelligence analytique, la force intérieure, la détermination, la ténacité et un sens de l'humour très corrosif. Vous êtes séducteur, comme tous les Scorpion, mais capable d'une formidable fidélité à l'être aimé, surtout s'il ne vous déçoit pas...

• **Vos difficultés :** une jalousie et une possessivité qui vous jouent des tours. Vous les déguisez souvent en inquiétude et en arrivez à culpabiliser l'autre ! Vous refusez de perdre quoi que ce soit ou qui que ce soit. On vous reproche souvent vos silences chargés de sens, votre besoin de rivaliser, de contrôler votre entourage et d'avoir toujours raison !

• **Vos fragilités** : les organes sexuels, ainsi que les intestins.

Pluton et Mars sont vos planètes maîtresses, étudiez-les avec attention.

> VOTRE ÂME SŒUR

Selon votre signe et votre ascendant-descendant. Le descendant est le secteur opposé à l'ascendant et représente le monde des autres, les rencontres, les unions et associations...

Les relations tièdes, ou que vous jugez médiocres, très peu pour vous ! Vous êtes entier et vous donnez corps et âme à celui ou celle que vous aimez. Mais vos exigences sont excessives et si vous ne les modulez pas, vous aurez du mal à construire une relation qui vous satisfasse. Votre descendant étant en Taureau, vous avez besoin de partenaires doux, tendres et fidèles, qui vous sécurisent et n'utilisent pas vos faiblesses pour en faire leur propre force. La sensualité et le désir doivent toujours être présents entre vous. Les Taureau ou ascendant Taureau seront donc vos partenaires favoris, car ils possèdent les qualités que vous attendez de l'autre. Mais les membres de votre signe ou ceux qui ont l'ascendant en Capricorne auront également le sérieux que vous recherchez ; cependant votre relation manquera peut-être de fantaisie. Les Vierge ou ascendant Vierge vous seront fidèles et admireront vos qualités intellectuelles ainsi que votre humour. Mais vous trouverez qu'ils n'ont pas assez d'ambition. Les Poissons ou ascendant Poissons vous toucheront car ils sont particulièrement sensibles et émotifs. Ils sauront vous aimer avec générosité et percer votre carapace. Même chose avec les Cancer ou ascendant Cancer...

ASCENDANT SAGITTAIRE

Voilà un mélange de signes qui dénote une personnalité contrastée, mais qui dispose d'une grande force intérieure ! Il y a à la fois le besoin de vous lancer des défis, d'aller toujours plus haut, que ce soit sur le plan intellectuel ou physique, et le manque d'assurance caractéristique du Capricorne. Mais vous êtes profondément déterminé à vous « élever » et votre formidable énergie intérieure vous permet d'atteindre les objectifs que vous vous fixez. Il est même possible que vous réussissiez brillamment, non seulement grâce à vos qualités, mais aussi parce que vous avez le sens de l'opportunité, tout en respectant les codes de valeurs... Il est parfois difficile de percer votre armure, faite d'une apparente assurance et d'une élégante distance !

Plus optimiste que le Capricorne classique, vous attirez la sympathie, savez intelligemment vous entourer et profiter (dans le bon sens) de vos nombreuses relations. Votre envie d'effacer les frontières fait de vous un citoyen du monde, qui adore voyager et faire des expériences. Toutefois, si vous faites partie des intellectuels, vos voyages se font le plus fréquemment dans les livres !

Manuel ou intellectuel, homme d'affaires ou simple employé de bureau, vous cherchez naturellement à être le meilleur ! Par ailleurs, vous êtes de ceux qui savent profiter des bonnes choses de l'existence et les partager avec leurs proches. Votre appétit de vie est contagieux et vous êtes de bon conseil : vous ne parlez jamais pour ne rien dire. Votre nature Capricorne vous oblige à respecter les limites, ce qui n'est pas toujours le cas du pur Sagittaire.

• **Vos atouts :** votre intelligence et votre efficacité dans le travail. Votre amour de la vie et un sens des valeurs bien ancré.

• **Vos difficultés :** vous voulez toujours avoir raison, tout organiser, tout gérer et contrôler. Vos colères sont mémorables, mais vous ne les exprimez pas forcément et vous les retournez le plus souvent contre vous.

• **Vos fragilités :** tout le système circulatoire, ainsi que le foie.

Jupiter est votre maître d'ascendant, étudiez-le avec attention.

> VOTRE ÂME SŒUR

Selon votre signe et votre ascendant-descendant. Le descendant est le secteur opposé à l'ascendant et représente le monde des autres, les rencontres, les unions et associations...

Votre descendant étant en Gémeaux, signe double, vos relations seront très diverses : vous apprécierez les personnes vives, jeunes d'esprit et qui s'adaptent à tout. Elles devront vous laisser votre liberté d'action et accepter les débats d'idées où, nécessairement, vous aurez raison ! Cet être multiple qu'est le Gémeaux ou ascendant Gémeaux, ou toute personne ayant la Lune, voire Vénus en Gémeaux, vous conviendra, car il n'est jamais le même. Sa nature aérienne, son apparente facilité et son humour vous épateront, mais à la longue vous trouverez peut-être qu'il manque de consistance et... de constance. Les Verseau ou ascendant Verseau sauront également vous séduire, leur originalité et leur non-respect des conventions vous obligeront à vous poser des questions sur vous-même, alors que leur liberté vous semblera enviable. L'énergie des Bélier ou ascendant Bélier vous stimulera et leur esprit d'entreprise vous bluffera, mais attention aux rapports de force. Avec les Lion ou ascendant Lion, il y aura des sentiments profonds et sincères, même si vous les trouvez parfois trop frimeurs. Par ailleurs, vous ne serez jamais indifférent aux Balance ou ascendant Balance, tendres et pleins de charme.

ASCENDANT CAPRICORNE

Votre ascendant renforce, bien entendu, les qualités propres au Capricorne. Toutefois, selon que le Soleil est placé avant ou après l'ascendant, vous serez plus actif ou plus passif...

> VOTRE ÂME SŒUR

Selon votre signe et votre ascendant-descendant. Le descendant est le secteur opposé à l'ascendant et représente le monde des autres, les rencontres, les unions et associations...

Avec vous, on ne rigole pas ! L'amour est une affaire très sérieuse dans laquelle vous vous investissez à fond, comme dans tout ce que vous faites, d'ailleurs ! Votre descendant étant en Cancer, opposé et complémentaire du Capricorne, vous avez besoin de partenaires qui vont savoir percer vos défenses à force de patience et de petites attentions. Les Cancer, les ascendant Cancer, de même que ceux qui ont la Lune ou Vénus dans ce signe sont particulièrement indiqués, car ils ont un côté enfantin qui sollicitera votre instinct de protection. Leur besoin de sécurité étant tout aussi important que leur besoin de tendresse, ils vous forceront à sortir de votre tour d'ivoire et à considérer leurs émotions avec attention. Les vôtres aussi, par la même occasion. La sensibilité des Poissons ou ascendant Poissons vous fera fondre et ouvrira une brèche dans la vôtre. Eux aussi sauront percer votre carapace, alors que votre solidité les rassurera. Vous vous entendrez bien par ailleurs avec les Taureau ou ascendant Taureau, à la fois sensuels et tendres ; votre couple sera très constructif. Il en ira de même avec les rassurantes Vierge, ou ascendant Vierge, avec qui l'entente intellectuelle et la complicité seront parfaites. Mais il y aura trop de silences entre vous. Enfin, les Scorpion ou ascendant Scorpion ne vous laisseront jamais indifférent.

ASCENDANT VERSEAU

Une grande liberté de comportement et une forte indépendance caractérisent votre ascendant, dont la tendance à la révolte et au refus des conventions est bien connue. Mais elle entre en conflit avec votre nature Capricorne, peu aventureuse, prudente et patiente. Pour vos proches, vous n'êtes pas facile à comprendre, car vous avez une logique bien à vous qui entre souvent en conflit avec la leur. Toutefois, votre dévouement aux autres, votre désintéressement et même votre sens du sacrifice font de vous une personne extrêmement utile à la société. D'ailleurs, vous êtes très tôt attiré par les activités sociales, la politique, et vous pouvez faire partie d'associations militantes ! Angoissé de naissance, vous pouvez être paralysé par vos peurs (celles du Capricorne s'ajoutant à celles, très métaphysiques, du Verseau), comme elles peuvent vous servir de moteur et faire de vous quelqu'un de brillant. Vous affichez une puissance de travail impressionnante et vous vous arrangez toujours pour vous spécialiser dans votre domaine, ou trouver une manière de faire qui sera différente de celle des autres. Vous adorez avoir des projets et vous vous servez de votre détermination Capricorne pour les concrétiser. Votre nature profonde, souvent pessimiste et prudente, doit s'accommoder de l'impatience et du goût du risque du Verseau. La psychologie vous intéresse particulièrement, ainsi que toutes les nouvelles techniques de soin. La notion d'aide et de service prend en fait tout son sens avec le Verseau à l'ascendant, car c'est le plus humaniste et le plus altruiste des signes.

• **Vos atouts :** cette profonde humanité qui fait de vous l'ami idéal et votre créativité : il vous arrive d'avoir des idées géniales, bien en avance sur leur temps ! Ce sens de l'anticipation, allié à la détermination du Capricorne, fait de vous une personnalité qui a quelque chose de plus que les autres.

• **Vos difficultés :** un esprit de contradiction qui peut être agaçant pour vos proches. Vos exigences sont souvent excessives et vous développez des côtés un peu tyranniques quand vous vous sentez investi d'une mission...

• **Vos fragilités :** le système endocrinien, le système neurovégétatif.

Uranus et Saturne sont vos planètes maîtresses : suivez leurs mouvements avec attention.

> VOTRE ÂME SŒUR

Selon votre signe et votre ascendant-descendant. Le descendant est le secteur opposé à l'ascendant et représente le monde des autres, les rencontres, les unions et associations...

Il vous arrive d'être totalement détaché des choses de l'amour, une autre forme d'amour, plus universel, ayant peut-être votre préférence. Lorsque vous n'êtes pas du type détaché, l'amour revêt une grande importance à vos yeux, car vous avez beaucoup à donner. Recevoir vous importe peu, vous n'avez pas conscience d'avoir des besoins... Avec votre descendant en Lion, il faut que vous puissiez admirer vos partenaires, que leur réussite ou leur talent vous éblouissent et que leur intelligence vous impressionne. Ainsi, vous pourrez leur dédier votre existence et eux seront heureux d'avoir un supporter tel que vous ! Les Lion ou ascendant Lion sont donc particulièrement indiqués, ils ont toutes les qualités que vous recherchez. L'esprit d'initiative des Bélier ou ascendant Bélier, leur énergie constructive pourraient également vous séduire, mais ils auront tendance à vous « bouffer » et à abuser. Les Sagittaire ou ascendant Sagittaire seront également de formidables partenaires, leur idéalisme étant en affinité avec le vôtre. Vous aurez envie de les suivre au bout du monde ! Avec les Balance ou ascendant Balance, vous trouverez un équilibre et une forme de sérénité. Les Gémeaux ou ascendant Gémeaux vous attireront et vous amuseront, mais peut-être pas pour toute la vie !

ASCENDANT POISSONS

Vous êtes comme une éponge et absorbez tout ce qui vient de votre environnement. Vous êtes donc hypersensible, intuitif, et savez vous mettre à la place des autres. Un peu trop même ! Votre générosité et votre dévouement vont souvent jusqu'au sacrifice de vos propres intérêts. D'ailleurs, on dit de vous que vous êtes très, voire trop, gentil et votre entourage abuse souvent de votre générosité.

Vous n'avez pas une grande confiance en vous et n'êtes pas toujours conscient de vos qualités ou de votre intelligence. Vous avez tendance à la fusion, au mélange, à l'indifférenciation et, pour trouver ou préserver votre identité, vous devez apprendre à faire la part les choses, à être plus critique. Dire non vous est difficile, mais il est indispensable à votre développement que vous appreniez à le faire ! Vous détestez les conflits, et la fuite est souvent votre meilleure arme. Vous la pratiquez également quand vous refusez quelque chose, ou quelqu'un, car c'est votre manière à vous de dire non ! Votre humour est également une façon de prendre de la distance... Vous avez un bon sens politique, êtes conscient des règles et des lois à respecter, même si vous avez souvent envie de dépasser les limites ! Plus que d'autres, vous vous intéressez à la vie de votre communauté et savez vous créer un important réseau amical. Votre sens des valeurs, issu de votre éducation, est également l'une de vos grandes qualités, mais elle peut se retourner contre vous en vous enfermant dans un système trop rigide.

• **Vos atouts :** les chocs et les traumatismes glissent sur vous, ou en tout cas c'est l'impression que vous donnez. Par ailleurs, vous avez le sens du secret et l'on peut vous faire confiance quand on vous confie un travail.

• **Vos difficultés :** vous vous dissimulez souvent la vérité et bâtissez des romans dans votre tête.

• **Vos fragilités :** la circulation principalement, ainsi que le transit intestinal, trop rapide ou trop lent.

Neptune et Jupiter sont vos planètes maîtresses, étudiez leurs mouvements avec une attention particulière.

> VOTRE ÂME SŒUR

Selon votre signe et votre ascendant-descendant. Le descendant est le secteur opposé à l'ascendant et représente le monde des autres, les rencontres, les unions et associations...

La froideur du Capricorne étant complètement réchauffée par la nature tendre et affective des Poissons, vous avez beaucoup d'amour à donner. Mais vous êtes affreusement timide et il vous est difficile d'aller vers l'autre ! Votre descendant occupe le signe de la Vierge, opposé mais complémentaire de votre ascendant Poissons. La relation de couple doit donc être un « contenant » : elle doit vous poser des limites, vous servir de référence temporelle ou spatiale dans la vie quotidienne. Les Vierge ou ascendant Vierge possèdent ces qualités et vous formerez avec eux un bon couple, qui peut se révéler solide au fil du temps. Mais vous trouverez qu'ils manquent de tendresse et devrez supporter leur tendance à la critique. Les Taureau ou ascendant Taureau auront également beaucoup à vous apporter côté tendresse et surtout sensualité : vous y serez particulièrement sensible. Les Cancer ou ascendant Cancer seront aussi parmi vos favoris : tendres, vulnérables et romantiques, ils ne manquent pas de force intérieure. Vous serez fasciné par les Scorpion ou ascendant Scorpion, qui, tout comme les Taureau, possèdent une forte sensualité. N'oubliez pas les membres de votre signe ou ceux qui ont l'ascendant Capricorne, car ils vous apporteront la stabilité et la sécurité dont vous avez besoin.

Vos affinités avec les autres signes

CAPRICORNE AVEC BÉLIER

Vous êtes lent, réfléchi, et savez que le temps est votre allié. Le Bélier est impulsif, réactif et aussi impatient que l'était l'un de vos parents. En tout cas, il vous y fera penser, ce qui peut vous attacher à lui ou vous faire fuir rapidement ! A priori, vous n'avez pas grand-chose en commun mais, c'est bien connu, les contraires s'attirent : votre couple peut donc très bien fonctionner ! L'un apportera à l'autre ce qui lui manque – encore faut-il que vous sachiez ce que c'est !

• **Si vous voulez que ça dure :** ne le prenez jamais de front, le Bélier a le sang chaud, alors que vous êtes un animal à sang froid... Vous lui couperiez tous ses effets et l'empêcheriez de se livrer à son sport favori : le rapport de force. Répondez-lui juste ce qu'il faut pour lui permettre de libérer son énergie !

CAPRICORNE AVEC TAUREAU

A priori, c'est votre partenaire privilégié, celui sur lequel vous pourrez compter pour construire un couple solide, fondé sur de vraies valeurs. Sa sensualité vous réchauffera, surtout si vous acceptez de vous laisser aller. Son sens pratique, son rapport très sain aux choses de la vie vous paraîtront rafraîchissants et, avec lui, vous baisserez votre garde, car vous saurez instinctivement que vous êtes en sécurité. Mais votre couple pourrait manquer de fantaisie...

• **Si vous voulez que ça dure :** vous avez la même volonté de construire un couple solide, une famille harmonieuse. mais accordez du temps à votre taureau, ne vous laissez pas envahir par votre travail au point de sacrifier vos loisirs. Il aurait du mal à vous pardonner ce manque d'attention.

CAPRICORNE AVEC GÉMEAUX

C'est un signe de jeunesse, symbole de l'adolescence, et sa fantaisie, sa gaieté ne peuvent que vous séduire. Mais si vous cherchez quelqu'un de sérieux et de fidèle, vous avez frappé à la mauvaise porte ! Votre couple ne tiendra que si vous avez assez de maturité pour fermer les yeux sur ses incartades. En revanche, si vous voulez juste vous amuser, sans forcément construire quelque chose, vous êtes très bien tombé. Profitez-en.

• **Si vous voulez que ça dure** : ne l'enfermez pas dans une cage dorée : votre Gémeaux s'étiolerait et profiterait d'un moment de distraction de votre part pour s'enfuir. En outre, même si vous êtes silencieux de nature, faites des efforts pour parler, le Gémeaux a un besoin essentiel de communication.

CAPRICORNE AVEC CANCER

C'est votre signe complémentaire, celui qui vous obligera à baisser vos défenses et à accepter votre sensibilité, au lieu de vous en défendre. Émotif et lunatique, le Cancer est très différent de vous, mais ses côtés enfantins vous séduiront. Près de lui, vous vous sentirez fort et utile à quelqu'un. Vous le protégerez, et il vous en sera très reconnaissant. Cependant, il va falloir sortir de votre réserve et exprimer clairement vos sentiments !

• **Si vous voulez que ça dure** : même s'il se comporte de manière imprévisible, infantile, ne lui faites pas trop la morale et ne le traitez pas en enfant irresponsable. Vous le feriez fuir... Si vous êtes vraiment amoureux, engagez-vous sans trop le faire attendre.

CAPRICORNE AVEC LION

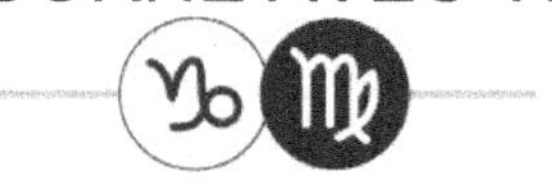

Ce signe d'été, très chaleureux et extériorisé, ne cadre pas avec votre nature réservée et intériorisée... Pourtant, vous avez l'ambition en commun, et il peut admirer votre volonté, votre détermination à réussir. Mais, le premier éblouissement passé, vous risquez de mal supporter son côté vantard et sa tendance à frimer. Vous finirez par ne voir que ses défauts ! De plus, c'est un sentimental qui a besoin d'afficher ce qu'il ressent, ce qui n'est pas votre cas.

• **Si vous voulez que ça dure :** ne faites jamais de réflexion à votre lion devant vos amis, ou même dans un lieu public. Il est très soucieux de son image et déteste « perdre la face ». Au contraire, sachez le complimenter habilement si vous voulez le voir sourire, il mordra toujours à l'hameçon.

CAPRICORNE AVEC VIERGE

L'entente sera excellente : vous êtes deux signes de Terre qui ont le sens des réalités et qui connaissent la valeur des choses. Vous serez attiré par son intelligence et sa rapidité d'esprit, lui se sentira rassuré par votre stabilité et votre force intérieure. Votre couple ne sera pas forcément fondé sur une sensualité torride, mais vous aurez de nombreux centres d'intérêt en commun et ce sera un lien puissant qui vous permettra de durer.

• **Si vous voulez que ça dure :** vous avez tous les deux des efforts à faire pour mieux communiquer... la Vierge reste souvent silencieuse par pudeur ou par peur du ridicule : donnez-lui confiance en sa parole, vous lui découvrirez un humour qui vous enchantera, car il ressemble au vôtre.

CAPRICORNE AVEC BALANCE

Malgré des apparences contraires, vous pouvez très bien vous entendre ! Vous avez plus de points communs qu'on ne le croit : ne vous arrêtez pas au fait que la Balance a soif de preuves d'amour et que vous avez du mal à afficher vos sentiments. Cela vous prendra peut-être du temps, mais si vous y parvenez, vous pourrez construire un couple solide. En effet, la Balance se reposera sur vous et vous vous sentirez responsable de son bonheur.

• **Si vous voulez que ça dure :** habituez-vous aux gestes tendres, aux regards complices et aux petites attentions qui touchent. C'est tout ce que demande la Balance. Ça n'est pas grand-chose... sauf pour le Capricorne ! Cela vous demandera des efforts, mais c'est la condition pour que votre couple dure.

CAPRICORNE AVEC SCORPION

A priori, vous vous entendrez très bien avec ce signe compliqué, mais passionnant. Vous saurez le mettre en confiance, ce qui n'est pas une mince affaire ! De plus, sa force intérieure et sa sensualité à fleur de peau vous bouleverseront. Il peut changer votre vie, et votre intérêt n'est pas de reculer devant cet éventuel changement. Le seul écueil sera un manque de communication : à vous de faire en sorte que votre Scorpion confie ses sentiments.

• **Si vous voulez que ça dure :** ne vous affolez pas de son besoin de secret. Ce n'est pas à vous qu'il (elle) ne veut rien dire ! Cela vient de l'enfance et, probablement, d'un parent qui a été un peu trop intrusif. Plus vous respecterez ses silences, moins vous les prendrez pour une trahison, mieux votre couple se portera.

CAPRICORNE AVEC SAGITTAIRE

En apparence, vous avez peu de points communs : il est libre, indépendant, optimiste et très à l'aise en société. Vous êtes pessimiste et vous tenez volontiers à l'écart du monde... Mais, on le sait, les extrêmes s'attirent et peuvent s'apporter énormément. Vous le regarderez comme s'il sortait d'une bande dessinée, et votre âme d'enfant (toujours présente) ne pourra que l'adorer. Tant qu'il vous semblera fidèle à son engagement, bien sûr.

• **Si vous voulez que ça dure :** le Sagittaire a l'âme voyageuse, il ne faut surtout pas l'enfermer entre quatre murs, il étouffe et s'enfuit dès qu'il le peut. Acceptez qu'il s'éloigne de temps en temps, ce sera pour mieux revenir par la suite. Et ne vous agacez pas trop de son manque de limites.

CAPRICORNE AVEC CAPRICORNE

L'humour vous sauvera de tout, et surtout de l'ennui né de l'uniformité. En effet, vous ne parlerez pas beaucoup et l'un d'entre vous s'en plaindra forcément, même en silence ! Vous ne penserez qu'à vos carrières et n'accorderez pas beaucoup de temps à vos loisirs. À moins que vous ne travailliez ensemble – ce qui serait une bonne solution -, vous donnerez toujours la préférence à votre boulot au détriment de votre couple.

• **Si vous voulez que ça dure :** même si vous avez des tas de points communs, ça va toujours mieux en le disant ! Ne vous imaginez pas que l'autre vous devine, que vous n'avez pas besoin de lui dire que vous l'aimez ou que vous ne pourriez pas vivre sans lui / elle.

CAPRICORNE AVEC VERSEAU

Vous vous demanderez d'où sort cet extraterrestre et serez fasciné par lui, tant il vous paraîtra peu banal... Sa grande liberté d'esprit et de comportement bouleversera l'idée que vous aviez de l'être humain ainsi que les schémas relationnels qui étaient les vôtres. L'histoire sera passionnée, intense et décalée, mais ne sera pas forcément durable, car le Verseau ne s'épanouit pas toujours dans la stabilité et la sécurité, qui sont votre fort !

• **Si vous voulez que ça dure :** plus vous chercherez à le garder, à lui créer des attaches, plus vous le ferez fuir. Vous avez affaire à un être très paradoxal, qui ne tient jamais tant à sa liberté que lorsqu'il la sent menacée. Alors laissez-le évoluer comme il l'entend, c'est votre meilleure chance de le garder.

CAPRICORNE AVEC POISSONS

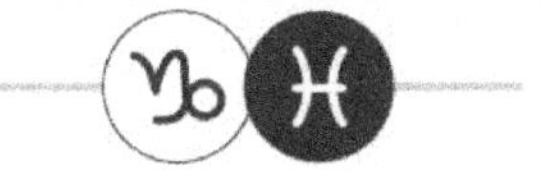

C'est une belle association, et sûrement une rencontre importante pour vous ! Vous gagnerez beaucoup à laisser un Poissons entrer dans votre vie, car il vous apprendra à sentir au lieu de penser, à toucher au lieu de vous éloigner. Vous lui montrerez les limites et l'aiderez à mettre de l'ordre dans sa vie. Certes, à la longue, vous pourriez lui reprocher son inconséquence, son désordre, ses côtés trop rêveurs. Mais en même temps, c'est ce qui fait tout son charme !

• **Si vous voulez que ça dure :** encore une fois, c'est un effort de communication qui vous est demandé – à l'un comme à l'autre, d'ailleurs. Si les non-dits s'accumulent, ils risquent de se transformer en magma explosif et de mettre votre couple en danger. Dites, au quotidien, ce que vous avez sur le cœur.

Seule la position de Vénus dans votre thème peut vous renseigner sur votre manière d'être amoureux et sur ce que vous attendez d'un(e) partenaire. Sa distance au Soleil est réduite, ce qui signifie qu'elle ne peut se trouver que dans cinq signes : le vôtre, les deux qui le précèdent et les deux qui le suivent. Vous êtes Capricorne, Vénus ne peut donc occuper que votre propre signe, ainsi que le Verseau, le Poissons, le Sagittaire et le Scorpion.

En tant que Capricorne, vous n'êtes pas du genre à sauter au cou du premier venu. Votre distance, qui passe souvent pour de la froideur, est une forme de défense qui vous permet de temporiser, de n'entrer dans une relation que lorsque vous êtes sûr que les bases sont solides. En effet, vous le savez déjà, la crainte de l'abandon et du rejet vous accompagne longtemps et vous connaissez la profondeur de vos attachements. De plus, vous avez de l'orgueil... Aussi votre prudence est-elle compréhensible. La communauté d'intérêts est aussi indispensable à l'équilibre de votre couple qu'une sexualité harmonieuse, celle-ci n'étant pas toujours délivrée de certaines inhibitions liées à votre éducation.

SI VOUS AVEZ VÉNUS EN CAPRICORNE

Ce n'est certes pas la légèreté, le flirt et l'infidélité qui vous caractérisent ! Au contraire, votre constance fait que votre partenaire prend vite l'habitude de s'en remettre à vous et de se reposer sur vos épaules. Avec vous, il est sûr de ne pas être trahi. Quand vous rencontrez des problèmes de couple, c'est probablement parce que vous traitez trop souvent votre conjoint comme un enfant irresponsable, ou incapable de se débrouiller sans vous... L'équilibre du couple dépend également de votre capacité à exprimer vos sentiments, Vénus en Capricorne n'étant pas des plus tendres. Mais il faut faire des efforts, vos comportements distants pouvant laisser penser que d'autres centres d'intérêt sont plus importants pour vous que votre vie amoureuse.

SI VOUS AVEZ VÉNUS EN VERSEAU

Votre capacité à vous libérer de schémas pesants, venant de votre éducation, se heurte souvent aux principes un peu rigides du Capricorne. Vous êtes donc l'hôte de nombreux conflits, mais ils font toute votre richesse et... votre humour ! Toutefois, vous manquez de tendresse et pouvez être encore plus distant, indépendant, que le Capricorne classique. À force, votre réserve peut passer pour du mépris et vous isoler des autres. Le jour où vous arrivez à vous dégager de ces conflits, vos relations amoureuses sont bien plus satisfaisantes, car vous êtes moins exigeant avec l'autre. Vous apprenez également à vous montrer plus chaleureux et si vous vous risquez à exprimer vos sentiments sans crainte du ridicule, vous allez au-devant de bonnes surprises.

SI VOUS AVEZ VÉNUS EN POISSONS

Vous êtes certainement plus chaleureux que les autres Capricorne, car Vénus en Poissons induit plus d'intuition, de compassion et de générosité que dans les deux précédents signes. Elle corrige les tendances renfermées du Capricorne, lui apportant une douceur et une sollicitude qu'il n'a pas toujours. L'amour, qui est très idéalisé, est souvent vécu dans la fusion et constitue une oasis dans le monde rigoureux de votre signe. Quand vous êtes totalement en confiance, vous communiquez volontiers avec l'autre, la complicité, l'humour, l'aspect ludique de la relation étant indispensables à votre équilibre affectif. La sexualité est bien vécue, elle est en tout cas moins prise au sérieux que chez la Vénus Capricorne.

SI VOUS AVEZ VÉNUS EN SAGITTAIRE

Il est évident que vous serez plus facilement bon vivant, plus apte au bonheur que le Capricorne classique. Doté d'un certain optimisme, vous ajouterez aussi un côté épicurien à votre nature, même si les apparences sont parfois contre vous ; toujours cet aspect distant... Il vous sera également possible de vous dégager des conventions (passagèrement) et de vous conduire de manière un peu « fofolle », ces écarts dans vos comportements faisant partie de votre charme et accentuant même votre séduction ! Plusieurs longues relations vous seront proposées avant que vous ne trouviez celui ou celle qui sera à la hauteur de vos aspirations et de votre recherche d'idéal.

SI VOUS AVEZ VÉNUS EN SCORPION

Vous possédez quelque chose de spécial, un charme étrange qui attire les personnes du sexe opposé, étonnées d'être prises dans vos filets, car votre « beauté » ne correspond pas toujours aux canons classiques... Homme ou femme, vous êtes magnétique, sexy, mais vous n'utilisez pas ces atouts de manière abusive ou pour attirer l'autre à tout prix : vous attendez qu'on vous découvre et qu'on ne puisse plus se passer de vous, tel un puissant aphrodisiaque ! Mais vous ne facilitez la tâche de personne : exigeant, impérieux, conscient de vos besoins, vous demandez autant que vous donnez et faites preuve de sentiments intenses, entiers, empreints de jalousie et de possessivité.

Annexe

Comment calculer votre ascendant ?

**Pour connaître votre ascendant
Audiotel 3210 (0,34 €/min)
Internet astro.rtl.fr**

A

Repérez dans le tableau 1 l'heure sidérale qui correspond à votre jour et à votre mois de naissance.

B

Additionnez l'heure sidérale trouvée à votre heure de naissance rectifiée :
- si vous êtes né après 1916 et avant 1940, retirez 1 heure;
- entre 1940 et le 16 septembre 1945, retirez 2 heures ;
- né après le 16 septembre 1945, retirez toujours 1 heure;
- après 1976, n'oubliez pas de retirer 2 heures si vous êtes né en période d'heure d'été.

C

Quand vous avez obtenu votre total d'heures, reportez-vous au tableau 2. Si le total en question dépasse 24 heures, retirez 24 heures pour obtenir l'heure réelle.

Exemple : né le 1er mars 1974 à 17 heures.
 17 heures = heure de naissance.
 10 h 32 = heure sidérale.
 Total des deux = 27 h 32.
 Retrancher 1 heure = 26 h 32.
 Retrancher 24 heures : 2 h 32 = ascendant Lion.

Tableau 1, pour la recherche de l'heure sidérale

Jour	Janvier	Février	Mars	Avril	Mai	Juin	Juillet	Août	Septembre	Octobre	Novembre	Décembre
1	6 h 36	8 h 37	10 h 32	12 h 35	14 h 32	16 h 35	18 h 34	20 h 36	22 h 38	0 h 36	2 h 38	4 h 37
2	6 h 39	8 h 41	10 h 36	12 h 39	14 h 36	16 h 42	18 h 37	20 h 40	22 h 42	0 h 40	2 h 42	4 h 41
3	6 h 43	8 h 45	10 h 39	12 h 43	14 h 40	16 h 46	18 h 41	20 h 44	22 h 46	0 h 44	2 h 46	4 h 45
4	6 h 47	8 h 49	10 h 43	12 h 47	14 h 44	16 h 50	18 h 15	20 h 49	22 h 51	0 h 48	2 h 50	4 h 50
5	**6 h 51**	**8 h 53**	**10 h 47**	**12 h 51**	**14 h 48**	**16 h 54**	**18 h 48**	**20 h 54**	**22 h 54**	**0 h 54**	**2 h 54**	**4 h 53**
6	6 h 55	8 h 57	10 h 51	12 h 54	14 h 52	16 h 58	18 h 53	20 h 56	22 h 58	0 h 56	2 h 58	4 h 56
7	7 h 00	9 h 01	10 h 55	12 h 57	14 h 56	17 h 02	18 h 57	20 h 59	23 h 02	1 h 00	3 h 02	5 h 00
8	7 h 03	9 h 05	11 h 00	13 h 01	15 h 00	17 h 06	19 h 01	21 h 03	23 h 06	1 h 05	3 h 08	5 h 04
9	7 h 07	9 h 09	11 h 04	13 h 06	15 h 04	17 h 10	19 h 04	21 h 07	23 h 10	1 h 09	3 h 12	5 h 09
10	**7 h 14**	**9 h 19**	**11 h 14**	**13 h 14**	**15 h 09**	**17 h 15**	**19 h 11**	**21 h 12**	**23 h 14**	**1 h 14**	**3 h 15**	**5 h 13**
11	7 h 16	9 h 22	11 h 17	13 h 17	15 h 17	17 h 23	19 h 12	21 h 15	23 h 17	1 h 18	3 h 18	5 h 14
12	7 h 20	9 h 23	11 h 18	13 h 20	15 h 20	17 h 26	19 h 14	21 h 16	23 h 18	1 h 21	3 h 21	5 h 17
13	7 h 22	9 h 25	11 h 20	13 h 21	15 h 23	17 h 29	19 h 18	21 h 19	23 h 22	1 h 22	3 h 23	5 h 20
14	7 h 25	9 h 28	11 h 23	13 h 24	15 h 24	17 h 30	19 h 22	21 h 22	23 h 25	1 h 25	3 h 27	5 h 23
15	**7 h 28**	**9 h 33**	**11 h 26**	**13 h 27**	**15 h 27**	**17 h 33**	**19 h 27**	**21 h 26**	**23 h 29**	**1 h 29**	**3 h 31**	**5 h 27**
16	7 h 34	9 h 41	11 h 32	13 h 32	15 h 30	17 h 36	19 h 30	21 h 32	23 h 34	1 h 32	3 h 35	5 h 33
17	7 h 37	9 h 43	11 h 35	13 h 36	15 h 35	17 h 41	19 h 33	21 h 36	23 h 38	1 h 36	3 h 40	5 h 37
18	7 h 42	9 h 46	11 h 41	13 h 42	15 h 38	17 h 44	19 h 38	21 h 41	23 h 42	1 h 40	3 h 43	5 h 40
19	7 h 46	9 h 50	11 h 44	13 h 46	15 h 44	17 h 50	19 h 42	21 h 44	23 h 46	1 h 44	3 h 47	5 h 45
20	**7 h 51**	**9 h 53**	**11 h 47**	**13 h 49**	**15 h 48**	**17 h 54**	**19 h 46**	**21 h 48**	**23 h 50**	**1 h 48**	**3 h 50**	**5 h 49**
21	7 h 54	9 h 57	11 h 53	13 h 51	15 h 51	17 h 57	19 h 52	21 h 55	23 h 57	1 h 55	3 h 57	5 h 56
22	7 h 59	9 h 59	12 h 00	13 h 57	15 h 53	17 h 59	19 h 57	22 h 00	23 h 59	2 h 00	4 h 02	6 h 00
23	8 h 03	10 h 03	12 h 04	14 h 01	15 h 59	18 h 05	20 h 01	22 h 03	0 h 05	2 h 03	4 h 05	6 h 04
24	8 h 07	10 h 08	12 h 07	14 h 06	16 h 03	18 h 09	20 h 06	22 h 07	0 h 09	2 h 06	4 h 09	6 h 08
25	**8 h 11**	**10 h 13**	**12 h 08**	**14 h 10**	**16 h 08**	**18 h 14**	**20 h 09**	**22 h 11**	**0 h 13**	**2 h 11**	**4 h 13**	**6 h 12**
26	8 h 15	10 h 17	12 h 10	14 h 14	16 h 12	18 h 18	20 h 14	22 h 15	0 h 17	2 h 16	4 h 18	6 h 17
27	8 h 19	10 h 21	12 h 14	14 h 18	16 h 16	18 h 22	20 h 17	22 h 19	0 h 22	2 h 19	4 h 21	6 h 20
28	8 h 23	10 h 25	12 h 20	14 h 22	16 h 20	18 h 26	20 h 22	22 h 23	0 h 26	2 h 23	4 h 25	6 h 23
29	8 h 26	10 h 29	12 h 23	14 h 26	16 h 24	18 h 30	20 h 25	22 h 26	0 h 29	2 h 27	4 h 29	6 h 27
30	**8 h 30**		**12 h 26**	**14 h 29**	**16 h 28**	**18 h 33**	**20 h 29**	**22 h 30**	**0 h 34**	**2 h 32**	**4 h 33**	**6 h 31**
31	8 h 34		12 h 30		16 h 31		20 h 33	22 h 35		2 h 36		6 h 35

Tableau 2, pour la recherche
de l'ascendant par tranche horaire

Ascendant Lion :	**de 0 h 34 à 3 h 16**
Ascendant Vierge :	**de 3 h 17 à 6 h 00**
Ascendant Balance :	**de 6 h 01 à 8 h 43**
Ascendant Scorpion :	**de 8 h 44 à 11 h 25**
Ascendant Sagittaire :	**de 11 h 26 à 13 h 53**
Ascendant Capricorne :	**de 13 h 54 à 15 h 42**
Ascendant Verseau :	**de 15 h 43 à 17 h 00**
Ascendant Poissons :	**de 17 h 01 à 17 h 58**
Ascendant Bélier :	**de 17 h 59 à 18 h 58**
Ascendant Taureau :	**de 18 h 59 à 20 h 17**
Ascendant Gémeaux :	**de 20 h 18 à 22 h 08**
Ascendant Cancer :	**de 22 h 09 à 0 h 33**

Retrouvez Christine Haas

https://www.instagram.com/chrishaasoff

https://www.twitter.com/chrishaasoff

https://www.youtube.com/c/ChristineHaasOff

https://www.facebook.com/Celastro-107986160587123

L'appli Astro Christine Haas est disponible sur votre smartphone.